CD付き

らくらく話せる！
タイ語レッスン

小野健一 著

ナツメ社

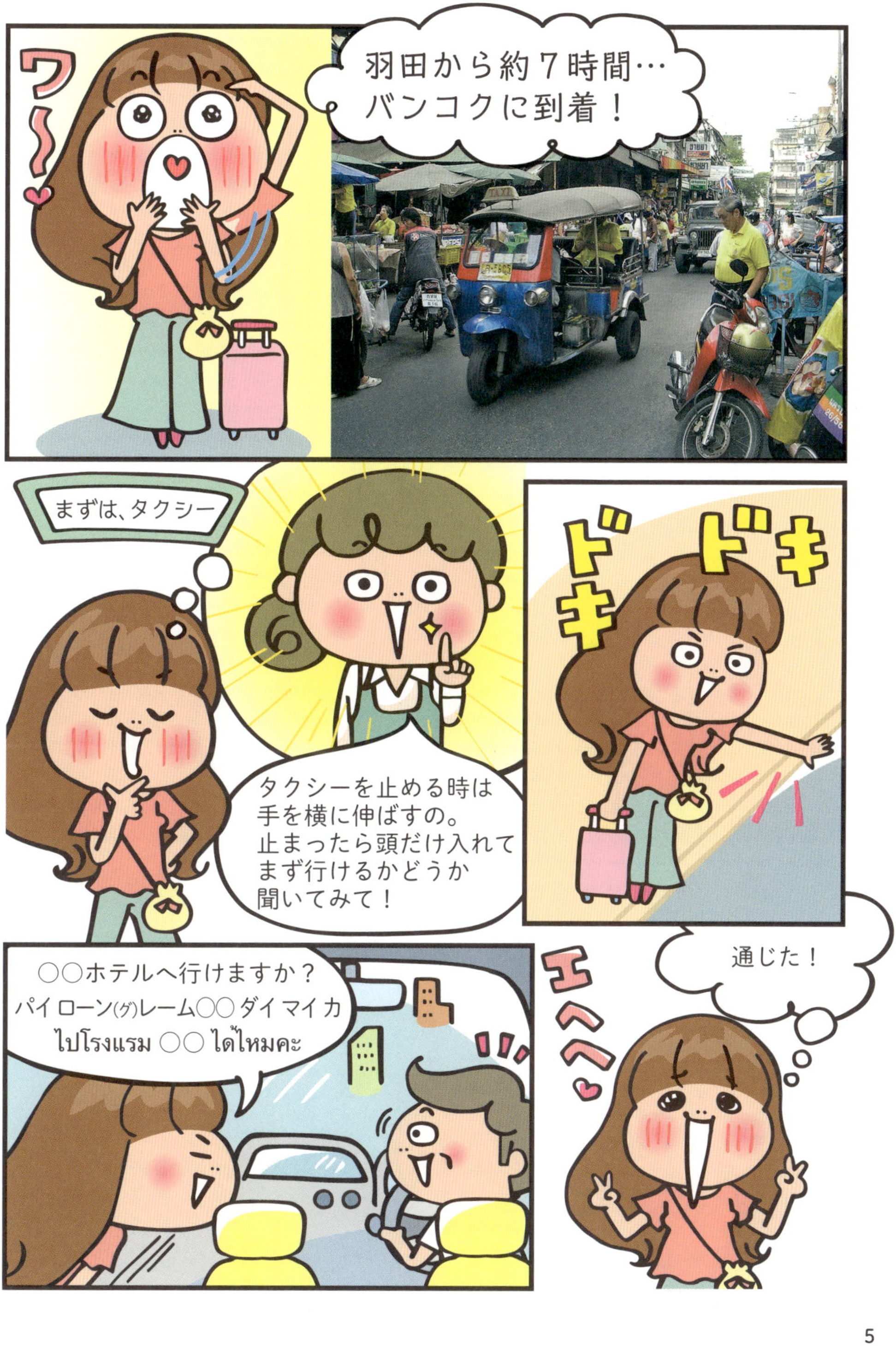

はじめに

　この本を手に取っていただき、ありがとうございます。あなたはタイ語を話せるようになりたくてタイ語入門書をお探しのことと思います。旅行会話を丸暗記するような本では実際に使えないし、かと言って文法をとことん勉強する時間はないとお悩みではないですか？　本書は、そんな方にぴったりな内容となっています。

　タイ語で一番大切なのは、発音です。本書では1章で発音のコツを日本人学習者の視点でわかりやすく説明しています。続く2章でタイ語の基本知識に触れたあと、3章で必要最小限の基本文法を学びます。4章では今までの学習の復習と応用を兼ねて、マンガ入りの場面会話で実際の会話を学習します。また、旅行中の各場面でよく使うフレーズも話せるように工夫しました。最後の5章は厳選した旅行用単語集となっています。

　タイ語は丸文字のようなかわいいタイ文字で表記しますが、本書はもちろんタイ文字の知識不要で読み進められます。ただし、興味があれば文字もある程度は学べる構成にいたしました。

　タイでは外国人の多い観光地を出ると、ほぼタイ語しか通じなくなりますし、市場でタイ語を話すと安く買い物ができることもあるなど、タイ語が多少できると大助かりな場面に出くわすことがよくあります。そんな目的でのタイ語学習に、本書は大いに役立つものと自負しております。

　この1冊であなたのタイ旅行＆滞在をいっそう楽しい思い出にしましょう。さあ、肩の力を抜いて、楽しみながらのタイ語学習のスタートです。

小野健一

本書の使い方

本書は、タイ語をはじめて学ぶ方のための入門書です。はじめてでも、会話を楽しみたいという方のために、よく使う表現やシーン別の会話をわかりやすくまとめました。

本書のKの表記に関して

タイ語にも日本語の「〜です」「〜ます」のような文末に付ける丁寧表現があり、男性と女性で使う語が違います。男性は、どんな文にもクラッ(プ) khráp ครับ を使います。女性は、平叙文には カ khà ค่ะ を、疑問文と人に呼びかける時には カ khá คะ を使います。
本書では、その丁寧表現をKで表していますので、自分の性別に合わせて置き換えてください。CDでは、ナレーターの性別によって変えています。
丁寧表現に関しては、p.30でも解説しています。

第1章　タイ語の発音
発音の基本を学びます。日本語にはない音や、「声調」という音の上がり下がりもありますが、CDを聞きながらゆっくり学びましょう。

第2章　タイ語の基本
あいさつ、文法の基本、数の表現などを学びます。

第3章　覚えておきたい表現30
覚えておくと便利な表現30を紹介します。単語を入れ替えて、文を作ってみましょう。

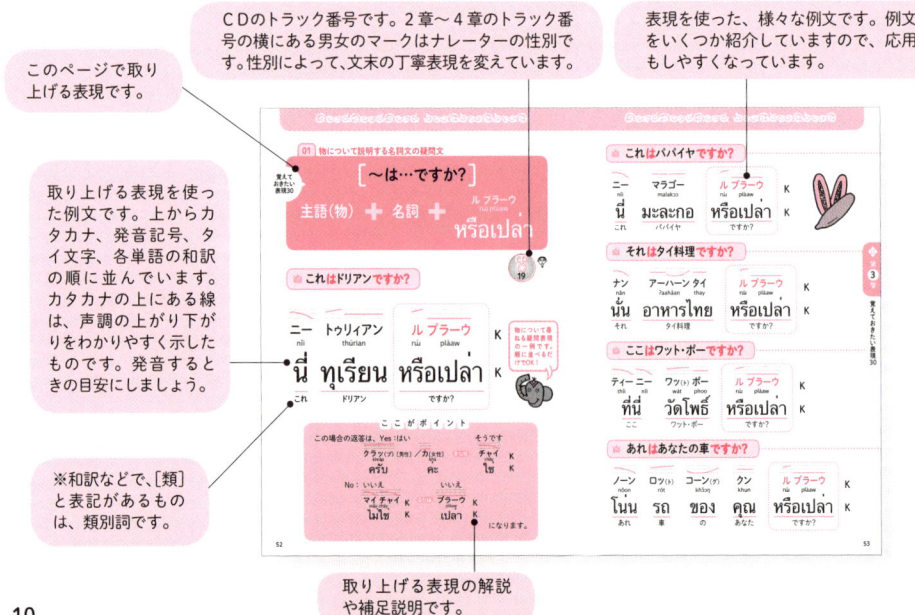

このページで取り上げる表現です。

取り上げる表現を使った例文です。上からカタカナ、発音記号、タイ文字、各単語の和訳の順に並んでいます。カタカナの上にある線は、声調の上がり下がりをわかりやすく示したものです。発音するときの目安にしましょう。

※和訳などで、[類]と表記があるものは、類別詞です。

CDのトラック番号です。2章〜4章のトラック番号の横にある男女のマークはナレーターの性別です。性別によって、文末の丁寧表現を変えています。

表現を使った、様々な例文です。例文をいくつか紹介していますので、応用もしやすくなっています。

取り上げる表現の解説や補足説明です。

10

シーン別会話集
タクシー、ショッピング、レストランなど様々な場面で必要となる表現を学びます。

この課で取り上げるシーンです。

左ページで取り上げた表現を使って、単語を入れ替えて、文を作ります。

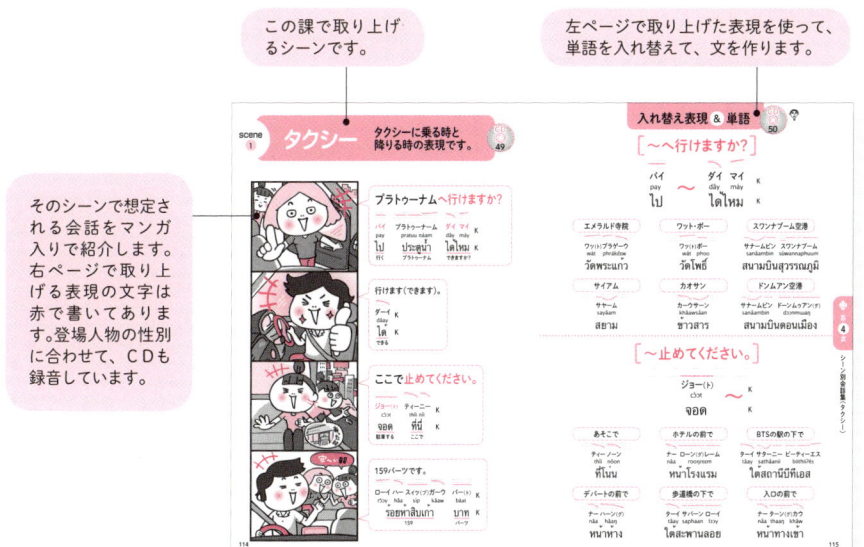

そのシーンで想定される会話をマンガ入りで紹介します。右ページで取り上げる表現の文字は赤で書いてあります。登場人物の性別に合わせて、CDも録音しています。

知っておくと便利な関連フレーズです。

そのシーンでよく見るタイ文字です。記号に見えてしまうタイ文字も意味を知っておくと安心です。

シーンにまつわるコラムです。

単語集（ジャンル別・50音順）
よく使う単語を紹介します。ジャンル別に紹介したものを、５０音でも引けるようにしているので便利です。

11

もくじ

introduction　タイ語はじめて物語 ………… 2
はじめに ………… 9
本書の使い方 ………… 10

第 1 章　タイ語の発音

タイ語の発音 1　タイ語の音のしくみ ………… 16
タイ語の発音 2　母音 ………… 17
タイ語の発音 3　子音 ………… 18
タイ語の発音 4　声調 ………… 24
まとめ　　　　　発音練習 ………… 26

第 2 章　タイ語の基本

タイ語の基本 1　あいさつ ………… 30
タイ語の基本 2　タイ語の語順 ………… 32
タイ語の基本 3　名詞文 ………… 34
タイ語の基本 4　形容詞文・動詞文 ………… 38
タイ語の基本 5　いろいろな疑問詞 ………… 42
タイ語の基本 6　所有・所属（〜の…） ………… 43
タイ語の基本 7　人称代名詞 ………… 44
タイ語の基本 8　指示代名詞 ………… 45
タイ語の基本 9　数字 ………… 46
タイ語の基本 10　年月日・曜日 ………… 47
タイ語の基本 11　時刻 ………… 48
タイ語の基本 12　類別詞 ………… 49
おもしろタイ語ノート　月の名前と日本との関係？ ………… 50

第 3 章　覚えておきたい表現 30

01（物について説明する名詞文の疑問文）〜は…ですか？ ………… 52
02（人について説明する名詞文の疑問文）〜は…ですか？ ………… 54

03（形容詞文・動詞文の疑問文）〜ですか？ 56
04（形容詞・動詞に程度や様子を加える表現）とても、少しなど 58
05（物・人の場所を尋ねる表現）〜はどこにありますか？／いますか？ 60
06（物・人の場所を表す表現）〜は［場所］にあります／います 62
07（物・人の位置関係を表す表現）〜は［場所］の…にあります／います 64
08（物があるかどうか尋ねる表現）〜はありますか？ 66
09（値段を尋ねる表現）〜はいくらですか？ 68
10（買い物や注文の時に使う表現）〜をください 70
11（物事が過度であることを表す表現）〜すぎます 72
12（程度や頻度が高くないことを表す表現）あまり〜ありません 74
13（可能かどうか尋ねる表現）〜できますか？／〜していいですか？ 76
14（軽い依頼の表現）〜してください 78
15（丁寧な依頼の表現）〜していただけませんか？ 80
16（とても丁寧な依頼の表現）どうか〜してください 82
17（禁止を伝える表現）〜しないでください 84
18（進行中、継続中を表す表現）〜しています 86
19（達成したかどうか尋ねる表現）もう〜しましたか？ 88
20（達成していないことを表す表現）〜していません 90
21（相手に許可を求める表現）〜させてください 92
22（未来・予定を表す表現）未来・予定を表す助動詞 94
23（希望を伝える表現）〜したいです 96
24（「いつ〜？」と尋ねる表現）いつ？ 98
25（「何〜？」と尋ねる表現）何？ 100
26（自分の希望やアドバイスを伝える表現）〜したほうがいいです 102
27（「〜しなければならない」という表現）〜しなければなりません 104
28（2つのものが「同じ」ことを表す表現）AとBは、〜が同じです 106
29（2つのものを比べる表現）AはBより…です 108
30（最上級を表す表現）Aは一番〜です 110

おもしろタイ語ノート　トムカーガイ違い 112

第 4 章　シーン別会話集

- scene 1　タクシー …… 114
- scene 2　駅 …… 118
- scene 3　寺院 …… 122
- scene 4　ホテル❶（チェックインする）…… 126
- scene 5　ホテル❷（トラブル～お湯が出ない～）…… 130
- scene 6　ホテル❸（チェックアウトする）…… 134
- scene 7　レストラン❶（注文する）…… 138
- scene 8　レストラン❷（お会計する）…… 142
- scene 9　ショッピング❶（買う）…… 146
- scene 10　ショッピング❷（サイズを尋ねる）…… 150
- scene 11　ショッピング❸（値切る）…… 154
- scene 12　マッサージ店 …… 158
- scene 13　エステ …… 162
- scene 14　ビジネス …… 166
- scene 15　トラブル …… 170
- おもしろタイ語ノート　車内でのうれしいおせっかい …… 174

第 5 章　単語集

- ジャンル別単語集 …… 176
- ５０音順単語集 …… 184

第 1 章

タイ語の発音

> タイ語は発音が重要！
> 発音のコツをつかめるように
> 音源を聞きながら学びましょう。

タイ語の発音 1　タイ語の音のしくみ

タイ語はタイ文字を使って表記しますが、タイ文字をいきなり読むのは難しいです。本書では、会話することを目的としているため、発音記号とカタカナを使って、発音を勉強していきます。

タイ語の音の単位(音節)は、 子音 ＋ 母音 （＋ 子音 ）からなり、さらにこの組み合わせに声調が付きます。

母音の前の子音を「頭子音」と言い、母音の後の子音を「末子音」と言います。
「顔」ナー nâa (子音 n ＋母音 aa) のように、「末子音」がないこともあります。

本書では、タイ文字に発音記号とカタカナを併記し、さらにカタカナにも、声調がわかりやすいように線を入れました。CDをよく聞いて、意識しながら発音してみてください。

母音

タイ語の発音 2

日本語の母音は「あいうえお」の5つですが、タイ語には9つあり、さらにそれぞれの母音には短く発音する短母音と、長く発音する長母音があります。

長母音・短母音

短母音		長母音		発音のコツ
発音	母音字	発音	母音字	
ア a	□ะ	アー aa	□า	日本語の「あ」と同じです。
イ i	□ิ	イー ii	□ี	日本語の「い」より口を左右に引いて発音します。
ウ ɯ	□ึ	ウー ɯɯ	□ือ	「い」の口をして「う」を発音します。
ウ u	□ุ	ウー uu	□ู	日本語の「う」より唇を丸めて発音します。
エ e	เ□ะ	エー ee	เ□	日本語の「え」と同じです。
エ ɛ	แ□ะ	エー ɛɛ	แ□	「あ」と「え」の中間の音。「え」より口を大きく開けて発音します。英語の cat の a に近い音です。
オ o	โ□ะ	オー oo	โ□	日本語の「お」より唇を丸めて発音します。
オ ɔ	เ□าะ	オー ɔɔ	□อ	「あ」と「お」の中間の音。「お」より口を大きく開けて発音します。英語の ball の a と同じ音です。
ウ ə	เ□อะ	ウー əə	เ□อ	「あ」「う」「え」の中間の曖昧な音。ため息の「はぁ〜」とも「ふぅ〜」ともつかない母音部分の音です。

□の位置には p.22〜23 の子音字が入ります。

二重母音

母音が2つ並んだ音です。1つめを少し長めに発音します。

イィア ia	ウゥア ɯa	ウゥア ua
เ□ีย	เ□ือ	□ัว

余剰母音

母音と末子音がセットになった音です。

アイ ay	アム am	アウ aw
ไ□	ใ□	□ำ	เ□า

タイ語の発音 3 — 子音

子音には、音節の頭で使う頭子音と、音節の末尾で使う末子音があります。日本語にはない発音もあるので、発音のコツを読み、CDの音をよく聞いて練習しましょう。

頭子音

頭子音は、「無気音・有気音の区別のある頭子音」「無気音・有気音の区別のない頭子音」「二重子音」に分けて覚えていきましょう。子音だけでは発音できないので、母音「ɔɔ オー」を付けて説明します。

1 無気音・有気音の区別のある頭子音

頭子音の中には、無気音・有気音の区別のあるものが4ペア、8つあります。

無気音 吐息を出さないように発音します。前に小さい「っ」を付けて詰まるように発音するのがコツです。

有気音 吐息をしっかり出して発音します。凍えた手に息を吹きかけて温める時の「ハ〜ッ」を k、c、t、p に付けて発音すると、kh、ch、th、ph になります。

	発音		子音字	発音のコツ
無気音	k	ゴー kɔɔ	ก	カ行をややガ行寄りの音で吐息を出さないように発音します。
有気音	kh	コー khɔɔ	ข ค ฆ	カ行音を吐息をしっかり出して発音します。
無気音	c	ジョー cɔɔ	จ	チャ行をややジャ行寄りの音で吐息を出さないように発音します。
有気音	ch	チョー chɔɔ	ช ฉ ฌ	チャ行音を吐息をしっかり出して発音します。
無気音	t	トー tɔɔ	ต ฎ	タ行をややダ行寄りの音で吐息を出さないように発音します。ti は「ティ」、tu は「トゥ」です。
有気音	th	トー thɔɔ	ท ฐ ฑ ฒ ถ ธ	タ行音を吐息をしっかり出して発音します。thi は「ティ」、thu は「トゥ」です。
無気音	p	ポー pɔɔ	ป	パ行をややバ行寄りの音で吐息を出さないように発音します。
有気音	ph	ポー phɔɔ	พ ผ ภ	パ行音を吐息をしっかり出して発音します。

2　無気音・有気音の区別のない頭子音

無気音・有気音の区別のない頭子音は以下になります。

発音	子音字		発音のコツ
ŋ	ンゴー ŋɔɔ	ง	「マンゴー」と言う時の「ン」のように、舌をどこにも付けないまま、鼻に息を抜いて発音します。
s	ソー sɔɔ	ซ ศ ษ ส	日本語のサ行と同じですが、si は「スイ」を素早く発音します。「シ」ではありません。
d	ドー dɔɔ	ด ฎ	日本語のダ行と同じです。
n	ノー nɔɔ	น ณ	日本語のナ行と同じです。
b	ボー bɔɔ	บ	日本語のバ行と同じです。
f	フォー fɔɔ	ฟ ฝ	英語の f と同じです。
m	モー mɔɔ	ม	日本語のマ行と同じです。
y	ヨー yɔɔ	ย ญ	日本語のヤ行と同じですが、yi は「ユイ」を、ye は「イエ」を素早く発音します。
r	ロー rɔɔ	ร	「コンロ」と言う時の「ロ」の子音のように、舌先で歯茎を軽く弾いて発音します。
l	ロー lɔɔ	ล ฬ	舌先を歯茎に触れたままで、舌の両脇から息を出すようにします。
w	ウォー wɔɔ	ว	日本語のワ行よりも唇を丸めて突き出すように発音します。とくに wu は u だけにならないように注意してください。
h	ホー hɔɔ	ห ฮ	日本語のハ行と同じで大丈夫ですが、のどの奥から声を出すように発音すれば、より正しい音になります。
ʔ	オー ʔɔɔ	อ	日本語のア行の子音として使う記号です。

3　二重子音

頭子音が 2 つ連続した音が 11 種類あります。間に母音を入れないように発音します。

発音	子音字
kr　グロー krɔɔ	กร
khr　クロー khrɔɔ	ขร คร
kl　グロー klɔɔ	กล
khl　クロー khlɔɔ	ขล คล
kw　グウォー kwɔɔ	กว
khw　クウォー khwɔɔ	ขว คว

発音	子音字
pr　プロー prɔɔ	ปร
phr　プロー phrɔɔ	พร
pl　プロー plɔɔ	ปล
phl　プロー phlɔɔ	ผล พล
tr　トゥロー trɔɔ	ตร

末子音

日本語は基本的に「ん」以外の子音で、終わることはありませんが、タイ語は次の8つの子音で終わることがあります。どれも母音を付けないように発音しましょう。

発音		子音字	発音のコツ	例
k	(ク)	ก ข ค ฆ	「ラック」の「ク」を言おうとして音が出る直前で止めた音です。舌はどこにも付けずに浮かせます。	dàk ダッ(ク) ดัก ワナをかける
t	(ト)	ด จ ช ซ ฌ ฎ ฏ ฐ ฑ ฒ ต ถ ท ธ ศ ษ ส	「ラット」の「ト」を言おうとして音が出る直前で止めた音です。舌先を上の歯の裏に付けてしっかり止めます。	dàt ダッ(ト) ดัด 矯正する
p	(プ)	บ ป พ ฟ ภ	「ラップ」の「プ」を言おうとして音が出る直前で止めた音です。唇をしっかり閉じます。	dàp ダッ(プ) ดับ 消える
ŋ	ン(グ)	ง	「マンゴー」と言う時の「ン」のように、舌をどこにも付けず浮かせて、鼻に息を抜いて発音します。	daŋ ダン(グ) ดัง 音が大きい
n	ン	น ญ ณ ร ล ฬ	「あんな」の「ん」のように、舌先を上の歯茎に付けてしっかり止めます。	dan ダン ดัน 押す
m	ム	ม	「ポンプ」の「ン」のように、唇をしっかり閉じます。	dâam ダーム ด้าม (刀・ナイフなどの)柄
y	イ	ย	「イ」を軽く発音します。	dâay ダーイ ด้าย 糸
w	ウ	ว	「ウ」と「オ」の中間の音を軽く発音します。	daaw ダーウ ดาว 星

末子音 k、t、p のコツ

k、t、p は音が出る直前で口の形を保ったまま止めるのが、上手に発音するコツです。英語の末子音では、例えば「cat」の t は軽く音に出して発音しますが、タイ語では音が出るギリギリで寸止めします。末子音 k、t、p を本書では文字を小さくし、(ク)(ト)(プ)とカッコを付けて表記します。

末子音 ŋ、n のコツ

末子音 ŋ、n をしっかり区別して発音することも、通じるタイ語を話すうえで大切です。n は「ni」(ニ)の口をしてそのまま「ン」を言うとうまく発音できます。ŋ は直前の母音を発音した口の形のまま「ン」を言うとうまく発音できます。

「ミカン」と言ってみてください。「ン」は ŋ、n のどちらの音でしたか？ 舌がどこにも付かずに浮いているはずです。つまり日本人が n の音だと思って発音している語末の「ン」は n ではなく ŋ の音に近いのです。タイ人には ŋ に聞こえてしまいます。末子音の n を日本語発音につられて ŋ で発音しないように心がけると、より相手に通じるタイ語になります。

末子音の例外

最近の外来語の中には 2 つの例外的な末子音があります。

発音		子音字	発音のコツ	例
s	ス	ส	「ス」を母音を付けずに軽く発音します。	bii thii ʔés ビーティーエス บีทีเอส BTS(高架鉄道)
w	ウ	ล	本来「n」と発音する ล を「w」と発音する語があります。	ʔii meew イーメーウ อีเมล E メール

子音表（ゴー・ガイ表）

子音の音とタイ文字の子音字42文字の対照表です。
頭子音＋ɔɔ オー とその子音字を使う代表選手の単語をセットで覚えます。
例えば、kの子音字ก なら、「kɔɔ kày ゴー ガイ」といった感じです。

表の見方

子音字 → ก　k/k ← 末子音／頭子音
ニワトリのk　ゴー・ガイ　← 代表的な単語「ニワトリ」
頭子音にɔɔを付けた読み　kɔɔ kày　ก ไก่

ก	k/k	ニワトリのk　ゴー・ガイ	kɔɔ kày　ก ไก่
ข	kh/k	卵のkh　コー・カイ	khɔ̌ɔ khày　ข ไข่
(欠)		この空欄には子音字がありましたが、現代では使われていません。	
ค	kh/k	水牛のkh　コー・クワーイ	khɔɔ khwaay　ค ควาย
(欠)		この空欄には子音字がありましたが、現代では使われていません。	
ฆ	kh/k	鐘のkh　コー・ラカン	khɔɔ rakhaŋ　ฆ ระฆัง
ง	ŋ/ŋ	ヘビのŋ　ンゴー・ングー	ŋɔɔ ŋuu　ง งู
จ	c/t	皿のc　ジョー・ジャーン	cɔɔ caan　จ จาน
ฉ	ch/-	シンバルのch　チョー・チン(グ)	chɔ̌ɔ chìŋ　ฉ ฉิ่ง
ช	ch/t	ゾウのch　チョー・チャーン(グ)	chɔɔ cháaŋ　ช ช้าง
ซ	s/t	クサリのs　ソー・ソー	sɔɔ sôo　ซ โซ่
ฌ	ch/t	樹木のch　チョー・チュー	chɔɔ chəə　ฌ เฌอ
ญ	y/n	女性のy　ヨー・イン(グ)	yɔɔ yǐŋ　ญ หญิง
ฎ	d/t	かんむりのd　ドー・チャダー	dɔɔ chadaa　ฎ ชฎา
ฏ	t/t	突きヤリのt　トー・パタッ(ク)	tɔɔ patàk　ฏ ปฏัก
ฐ	th/t	台座のth　トー・ターン	thɔ̌ɔ thǎan　ฐ ฐาน
ฑ	th/t	モントー夫人のth　トー・モントー	thɔɔ monthoo　ฑ มณโฑ
ฒ	th/t	老人のth　トー・プータウ	thɔɔ phûu thâw　ฒ ผู้เฒ่า
ณ	n/n	少年僧のn　ノー・ネーン	nɔɔ neen　ณ เณร
ด	d/t	子どものd　ドー・デッ(ク)	dɔɔ dèk　ด เด็ก

ต	t/t	ถ	th/t	ท	th/t	ธ	th/t
カメの t	トー・タウ tɔɔ tàw ต เต่า	袋の th	トー・トゥン (グ) thɔ̌ɔ thǔŋ ถ ถุง	兵士の th	トー・タハーン thɔɔ thahǎan ท ทหาร	旗の th	トー・トン (グ) thɔɔ thoŋ ธ ธง
น	n/n	บ	b/p	ป	p/p	ผ	ph/-
ネズミの n	ノー・ヌー nɔɔ nǔu น หนู	葉の b	ボー・バイマーイ bɔɔ bay máay บ ใบไม้	魚の p	ポー・プラー pɔɔ plaa ป ปลา	ミツバチの ph	ポー・プン (グ) phɔ̌ɔ phɯ̂ŋ ผ ผึ้ง
ฝ	f/-	พ	ph/p	ฟ	f/p	ภ	ph/p
フタの f	フォー・ファー fɔ̌ɔ fǎa ฝ ฝา	脚付きお盆の ph	ポー・パーン phɔɔ phaan พ พาน	歯の f	フォー・ファン fɔɔ fan ฟ ฟัน	ジャンク船の ph	ポー・サムパウ phɔɔ sǎmphaw ภ สำเภา
ม	m/m	ย	y/y	ร	r/n	ล	l/n
馬の m	モー・マー mɔɔ máa ม ม้า	鬼の y	ヨー・ヤッ (ク) yɔɔ yák ย ยักษ์	船の r	ロー・ルゥア rɔɔ rɯa ร เรือ	サルの l	ロー・リン (グ) lɔɔ liŋ ล ลิง
ว	w/w	ศ	s/t	ษ	s/t	ส	s/t
指輪の w	ウォー・ウェーン wɔɔ wɛ̌ɛn ว แหวน	あずま屋の s	ソー・サーラー sɔ̌ɔ sǎalaa ศ ศาลา	仙人の s	ソー・ルースィー sɔ̌ɔ rɯɯsǐi ษ ฤๅษี	虎の s	ソー・スゥア sɔ̌ɔ sɯ̌a ส เสือ
ห	h/-	ฬ	l/n	อ	ʔ/-	ฮ	h/-
箱の h	ホー・ヒー (プ) hɔ̌ɔ hìip ห หีบ	星型凧の l	ロー・ジュラー lɔɔ culaa ฬ จุฬา	洗面器の ʔ	オー・アーン (グ) ʔɔɔ ʔàaŋ อ อ่าง	フクロウの h	ホー・ノッ (ク) フー (ク) hɔɔ nók hûuk ฮ นกฮูก

第1章 タイ語の発音

タイ語の発音 4 — 声調

日本語のアクセントは、雨（あめ）と飴（あめ）のように、前の音に対して後ろの音が高いか低いかですが、タイ語では1つの音節が、アクセントを1つずつ持っています。アクセントは「声調」と呼ばれ、5つあります。

声調記号と音の高低

タイ語の5つの声調は「平声」「低声」「下声」「高声」「上声」と呼ばれます。発音記号では、声調記号を母音の上に付けて、どの声調かわかるようにしています。下の図では声調記号とそれぞれの音の高低を線で表しました。本書では、音のイメージがしやすいようにカタカナの上にこの線を入れてあります。

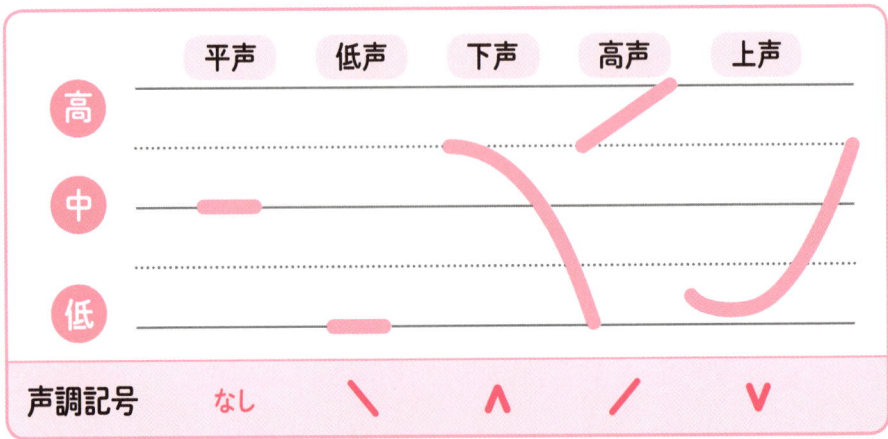

maa マー の音を例に、5つの声調を比べてみます。

5つの声調の違い

naa ナー の音を例に発音のコツを説明します。

名称	声の高さ	声調記号	例	発音のコツ
平声	―	記号なし	naa	中間のレベルでまっ平らに棒読みで発音します。「ナース・ステーション」の「ナー」が naa です。
低声	_	\	nàa	低いレベルでほぼ平らに発音します。「ランナー」の「ナー」が nàa です。
下声	⌒	^	nâa	高いレベルから低いレベルにストンと落として発音。「ナース」の「ナー」が nâa です。
高声	／	/	náa	高いレベルからさらに上げて発音します。「な、な、なーんだって！？」と大げさに驚いて聞き返す時の「なー」が náa に近い音です。
上声	∪	v	nǎa	低いレベルからぐいっと上げて発音します。「案内コーナーあった！」と言う時の「ナーあ」の部分が nǎa に近い音です。

発音練習

実際に発音してみましょう。

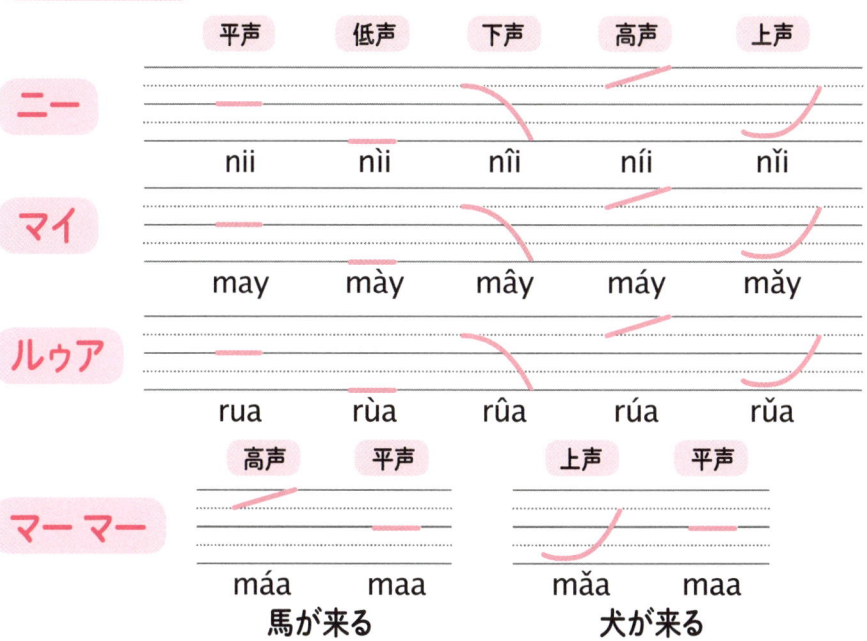

馬が来る　　　犬が来る

※次ページから、カタカナの高中低のレベルの線は3本に省略します。

まとめ 発音練習

CD 5

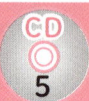

実際の単語例を見ながら、発音のおさらいをしましょう。

母音 (p.17)

母音の中の似た音の練習をしましょう。p.17 にある「発音のコツ」を読み、それぞれの違いを意識しながら発音しましょう。

1 aa ɔɔ əə

ア	オー	ウー
aa	ɔɔ	əə

2 ɯɯ uu əə

ウー	ウー	ウー
ɯɯ	uu	əə

3 ee ɛɛ əə

エー	エー	ウー
ee	ɛɛ	əə

4 oo ɔɔ əə

オー	オー	ウー
oo	ɔɔ	əə

5 raa rɔɔ

ラー	ロー
raa	rɔɔ
カビ	待つ

6 ruu rəə

ルー	ルー
ruu	rəə
穴	げっぷをする

7 rɯ́ɯ rúu

ルー	ルー
rɯ́ɯ	rúu
取り壊す	知っている

8 lêek lɛ̂ɛk

レー(ク)	レー(ク)
lêek	lɛ̂ɛk
数字	交換する

二重母音・余剰母音 (p.17)

二重母音は１つめの母音を長めに発音します。

1 二重母音

ビィア	ルゥア	ウゥア
bia	rɯa	wua
ビール	船	牛

2 余剰母音

パイ	ダム	マウ
pay	dam	maw
行く	黒い	酔う

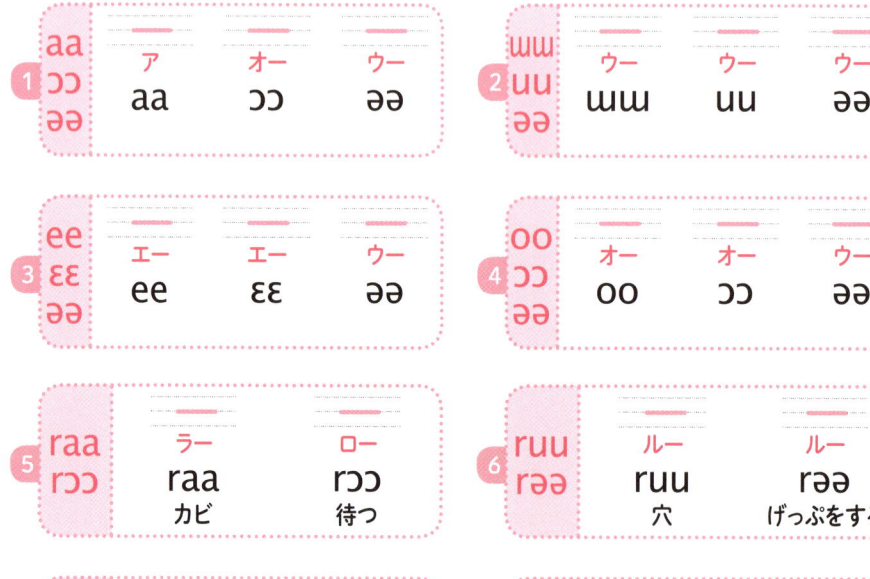

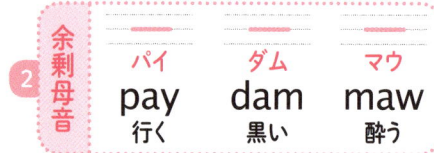

頭子音の無気音・有気音 (p.18)

無気音は吐息を吐き出さないように、有気音は吐息をしっかり吐き出して発音します。

注意の必要な頭子音 (p.19)

少し難しい発音になります。下の注意点を意識しながら、発音しましょう。

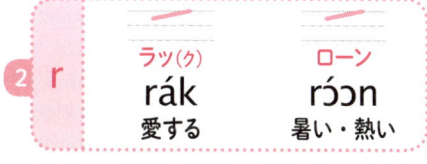

NHK アナウンサーの助詞「が」の発音（鼻濁音）に近い音です。この発音でも通じます。

タイの TV アナウンサーは舌を震えさせて発音しますが、一般会話ではそこまでしなくても OK です。

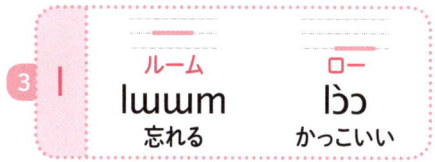

舌先を歯茎に触れたまま息を舌の両脇から出した音です。

yi は「ユイ」を、ye は「イエ」を素早く発音するのがコツです。

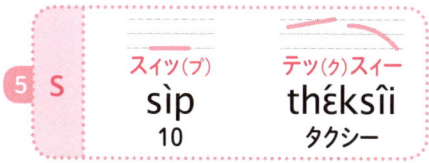

「おいしい」を「おいすぃ〜」と言うのを聞いたことがありますか？ si は、その「すぃ」の音です。

第1章 タイ語の発音

27

二重子音 (p.19)

どれも、2つの子音の間に母音を入れないようにするのが上手に発音するコツです。

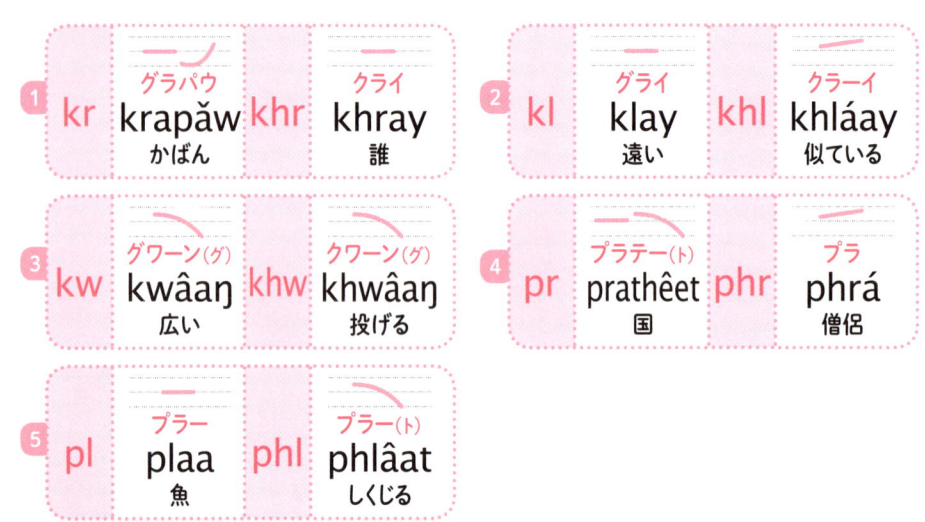

1	kr	グラパウ krapǎw かばん	khr	クライ khray 誰	2	kl	クライ klay 遠い	khl	クラーイ khláay 似ている
3	kw	グワーン(グ) kwâaŋ 広い	khw	クワーン(グ) khwâaŋ 投げる	4	pr	プラテー(ト) pratheêt 国	phr	プラ phrá 僧侶
5	pl	プラー plaa 魚	phl	プラー(ト) phlâat しくじる					

末子音 (p.20)

音節の最後に付く子音です。母音を付けないように発音しましょう。

1	k	ルゥアッ(ク) lɯak 選ぶ	トゥー(ク) thùuk 安い	2	t	ルゥアッ(ト) lɯat 血	バー(ト) bàat パーツ(タイの貨幣単位)	3	p	リー(プ) rîip 急ぐ	チョー(プ) chɔ̂ɔp 好む・好きな
4	ŋ	ペーン(グ) phɛɛŋ (値段が)高い	スーン(グ) sǔuŋ (身長・標高が)高い	5	n	ドゥーン dəən 歩く	スーン sǔun 0 (ゼロ)	6	m	ドゥーム dɯɯm 飲む	サーム sǎam 3
7	y	カーイ khǎay 売る	スゥアイ sǔay 美しい	8	w	ナーウ nǎaw 寒い	タウライ thâwrày いくら				
9	k t p	タッ(ク) tàk 汲む	タッ(ト) tàt 切る	タッ(プ) tàp 肝臓	10	ŋ n m y w	ヤーン(グ) yaaŋ ゴム	ヤーン yaan 乗り物	ヤーム yaam 守衛	ヤーイ yaay 祖母	ヤーウ yaaw 長い

1、2、3、9では口の形までして音が出そうなところで寸止めします。

第 2 章

タイ語の基本

あいさつや文の構造など、
タイ語の基本を
シンプルに学びましょう。

タイ語の基本 1 あいさつ

基本のあいさつ「サワッ(ト) ディー」と、文末に付ける丁寧表現、お礼、謝罪などのあいさつを紹介します。

おはよう
こんにちは
こんばんは
さようなら

サワッ(ト) ディー
sawàt　dii
สวัสดี

この全場面で使えるオールマイティなあいさつ表現です。

🔥 実際に使う時は、文末に丁寧表現を付けて使います。

男性

こんにちは　サワッ(ト) ディー クラッ(プ)
sawàt　dii　khráp
สวัสดีครับ

女性

こんにちは　サワッ(ト) ディー カ
sawàt　dii　khà
สวัสดีค่ะ

丁寧表現　タイ語にも日本語の「～です」「～ます」のような丁寧表現があり、男性と女性で使う語が違います。文末に付けて使いましょう。

			平叙文	疑問文・呼びかけ
男性	クラッ(プ) khráp ครับ	女性	カ khà ค่ะ	カ khá คะ

男性は、どんな文にも「クラッ(プ) khráp ครับ」を使えば OK です。女性は、平叙文には「カ khà ค่ะ」を、疑問文と人に呼びかける時には「カ khá คะ」を使います。仲の良い友達以外に対しては、丁寧表現を使ったほうが無難です。

30

覚えておきたいあいさつ

大事なあいさつのフレーズを、丁寧表現と一緒に覚えましょう。

🔥 ありがとうございます

男性	コー(プ) khɔ̀ɔp ขอบ	クン khun คุณ	クラッ(プ) khráp ครับ
女性	コー(プ) khɔ̀ɔp ขอบ	クン khun คุณ	カ khà ค่ะ

🔥 すみません

男性	コー khɔ̌ɔ ขอ	トー(ト) thôot โทษ	クラッ(プ) khráp ครับ
女性	コー khɔ̌ɔ ขอ	トー(ト) thôot โทษ	カ khà ค่ะ

謝罪にも、Excuse meの意味でも使えます。

🔥 大丈夫です／どういたしまして／気にしません

男性	マイペンライ mây pen ray ไม่เป็นไร	クラッ(プ) khráp ครับ
女性	マイペンライ mây pen ray ไม่เป็นไร	カ khà ค่ะ

「ありがとうございます」や「すみません」に対する返答に使います。

次ページ以降、文末の丁寧表現は K で表記します。
自分の性別に合った丁寧表現に置き換えて覚えてください。

第2章 タイ語の基本

タイ語の基本 2 — タイ語の語順

基本的に「主語＋述語＋目的語」の順に並べるだけなので、英語に近いと言えます。「主語」は省略されることがあります。

名詞を修飾する語

「新しい車」のように形容詞などが名詞を修飾する場合、タイ語では語順が日本語と正反対で、「車　新しい」になります。

文型　名詞 ＋ 修飾する語

例 新しい車

名詞文（名詞だけの文）

タイ語には「～は」「～が」といった助詞がないので、名詞だけの文は基本的に、ただ名詞を並べるだけです。

文型　主語 ＋ 名詞

例 これはドリアンです。

32

形容詞文（形容詞のある文）

タイ語の形容詞には活用も過去形もないので、主語と形容詞を並べるだけです。

文型　主語　＋　形容詞

例 形容詞文　タイ料理はおいしいです。

※ p.32 の「名詞＋修飾する語」と同じ形のため、「おいしいタイ料理」という意味にもなります。話の前後関係から、どちらなのかを判断します。

動詞文（動詞のある文）

動詞にも活用や過去形がありません。基本的に英語と同じ語順で「私　食べる　トムヤムクン」と並べます。

文型　主語　＋　動詞　（　＋　名詞　）

例 動詞文　私はトムヤムクンを食べます。

33

タイ語の基本 3 — 名詞文

名詞文の平叙文、否定文、疑問文を紹介します。疑問文はニュアンスによって、文末に付ける疑問詞が変わります。

平叙文①（物について言う場合）

主語（物）が何であるかを知らない人に説明する文です。

文型： 主語（物） ＋ 名詞

例 あれはランブータンです。

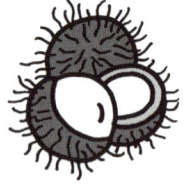

平叙文②（人について言う場合）

主語（人）の国籍や職業、肩書（社長等）、関係（父、友達等）を説明する文です。

例 私は日本人です。

例 彼は父です。

主語(人)		名詞	
カウ kháw เขา 彼	ペン pen เป็น である	クン ポー khun phɔ̂ɔ คุณพ่อ お父さん	K K

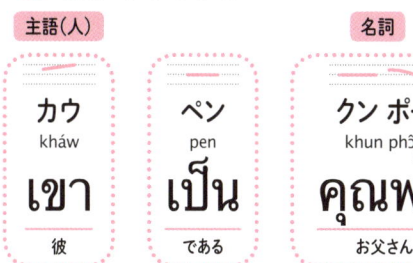

名詞文の否定文

物の名詞文も人の名詞文も、共通で次の形になります。

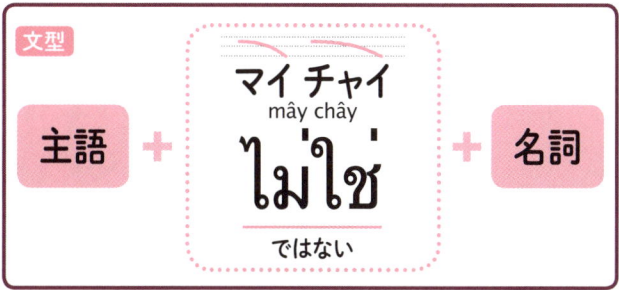

文型

主語 ＋ マイ チャイ mây chây ไม่ใช่ ではない ＋ 名詞

例 あれはランブータンではないです。

主語	否定語	名詞	
ノーン nôon โน่น あれ	マイ チャイ mây chây ไม่ใช่ ではない	ンゴ ŋɔ́ เงาะ ランブータン	K K

例 私は日本人ではないです。

主語	否定語	名詞	
チャン chán ฉัน 私(女性)	マイ チャイ mây chây ไม่ใช่ ではない	コン イープン khon yîipùn คนญี่ปุ่น 日本人	K K

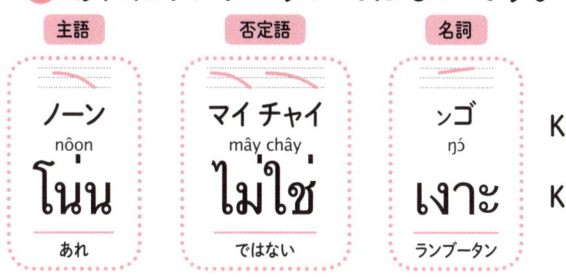

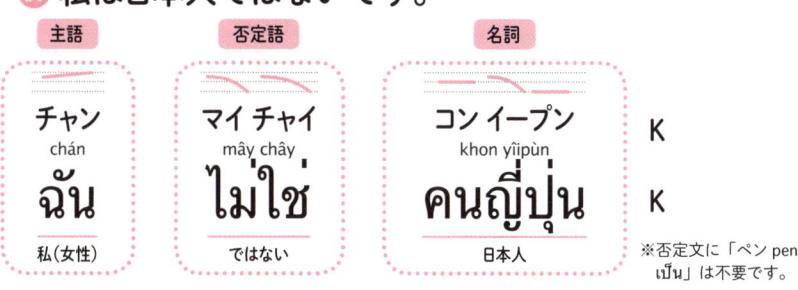

※否定文に「ペン pen เป็น」は不要です。

名詞文の疑問文

文末に疑問詞を付けます。

1　～ですか?　「～か否か」を聞く時に使う疑問表現です。

例 これはマンゴスチンですか?

例 あなたはタイ人ですか?

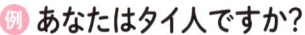

2　～なんですか?　疑いや意外に感じる気持ちがある時に使う疑問表現です。

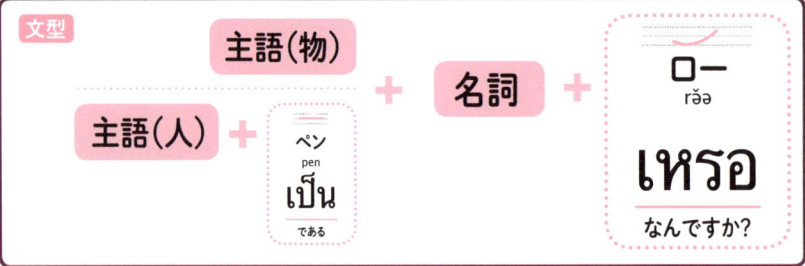

例 お母さんは医者なんですか？

主語	名詞	疑問詞
クン メー khun mɛ̂ɛ คุณแม่ お母さん	ペン pen เป็น である	モー mɔ̌ɔ หมอ 医者	ロー rɤ̌ɤ เหรอ なんですか？	K K

3 〜ですよね？

知ってはいるものの、念を押して確認したい時に使う疑問表現です。

文型

主語(物)／主語(人) ＋ ペン pen เป็น である ＋ 名詞 ＋ チャイ マイ chây máy ใช่ไหม ですよね？

例 彼（彼女）は友達ですよね？

主語		名詞	疑問詞
カウ kháw เขา 彼(彼女)	ペン pen เป็น である	プゥアン phɯ̂an เพื่อน 友達	チャイ マイ chây máy ใช่ไหม ですよね？	K K

疑問文への返答

肯定

(1) はい　クラッ(プ) khráp ครับ はい【男性】／カ khà ค่ะ はい【女性】
(2) そうです　チャイ chây ใช่ そう　K K
(1)(2) ともによく使います。

否定

(1) いいえ　マイ mây ไม่ 〜ない【男性】／チャイ chây ใช่ そう　K K
(2) いいえ　プラーウ plàaw เปล่า いいえ　K K
(1) は「そうではない」、(2) は「否(いな)」という意味です。

第2章 タイ語の基本

37

タイ語の基本 4 — 形容詞文・動詞文

形容詞文・動詞文の平叙文、否定文、疑問文を紹介します。タイ語の形容詞は、日本語の形容詞と形容動詞に相当します。

形容詞文・動詞文の平叙文

タイ語の形容詞、動詞には活用がないので、順番に並べるだけです。

文型　主語 ＋ 形容詞・動詞 （＋名詞）

例 形容詞文　バンコクは暑いです。

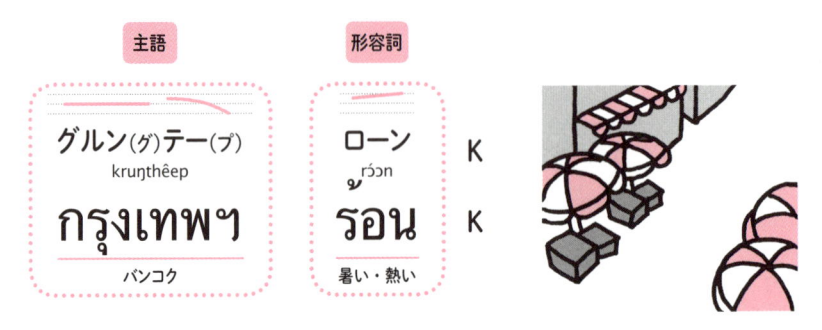

主語：グルン(グ)テー(プ) / kruŋthêep / กรุงเทพฯ（バンコク）K

形容詞：ローン / rɔ́ɔn / ร้อน（暑い・熱い）K

例 動詞文　私はタイが好きです（タイを好みます）。

主語：ポム / phǒm / ผม（僕・私(男性)）

動詞：チョー(プ) / chɔ̂ɔp / ชอบ（好む）K

名詞：ムアン(グ)タイ / mɯaŋ thay / เมืองไทย（タイ国）K

※「好き」を意味する チョー(プ) chɔ̂ɔp ชอบ は動詞なので、日本語の「好む」に相当します。

形容詞文・動詞文の否定文

形容詞・動詞の前に「マイ mây ไม่」を置くだけで、否定の意味になります。

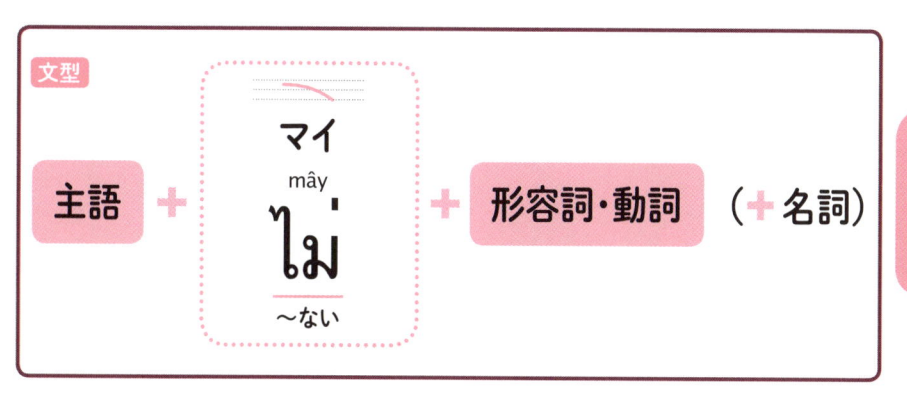

文型

主語 + マイ mây ไม่ 〜ない + 形容詞・動詞 （+ 名詞）

例 形容詞文 チェンマイは暑くないです。

主語	否定語	形容詞
チィアン(グ)マイ chiang mày เชียงใหม่ チェンマイ	マイ mây ไม่ 〜ない	ローン rɔ́ɔn ร้อน 暑い・熱い

K / K

例 動詞文 私はパクチーが好きではないです（パクチーを好みません）。

主語	否定語	動詞	名詞
ポム phǒm ผม 僕・私(男性)	マイ mây ไม่ 〜ない	チョー(プ) chɔ̂ɔp ชอบ 好む	パッ(ク)チー phàkchii ผักชี パクチー

K / K

第2章 タイ語の基本

39

形容詞文・動詞文の疑問文

文末に疑問詞を付けます。

1 〜ですか?

文末に「マイ máy ไหม」を付けます。

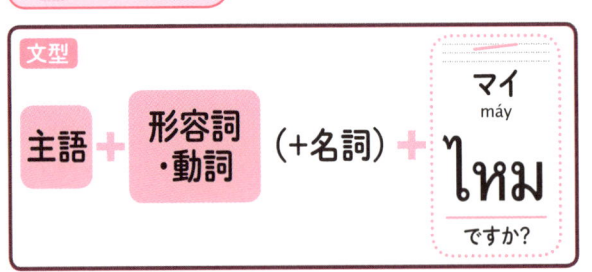

文型

主語 + 形容詞・動詞 （+名詞） + マイ máy ไหม ですか?

疑問文への返答

肯定

例 好きです。

チョー(プ) chɔ̂ɔp ชอบ 好む（動詞）K

疑問文の形容詞・動詞で答えます。

否定

例 好きではないです。

否定語 マイ mây ไม่ + 疑問文の形容詞・動詞で答えます。

マイ mây ไม่ 〜ない（否定語） K

チョー(プ) chɔ̂ɔp ชอบ 好む（動詞）K

例 あなたはビールが好きですか?
（ビールを好みますか）

主語	動詞	名詞	疑問詞	
クン khun คุณ あなた	チョー(プ) chɔ̂ɔp ชอบ 好む	ビア bia เบียร์ ビール	マイ máy ไหม ですか?	K K

※名詞文では、この「マイ máy ไหม」は使えません。

2 〜ですか?

「〜か否か」を聞く時に使う疑問表現です。返答は 1 と同じです。
p.36 の名詞文の疑問文 1 と同じ表現です。

文型

主語 + 形容詞・動詞 （+名詞） + ル プラーウ rɯ́ɯ plàaw หรือเปล่า ですか?

例 釈迦頭はおいしいですか?

主語	形容詞	疑問詞	
ノーイナー nɔ́ɔynàa น้อยหน่า 釈迦頭	アロイ ʔarɔ̀y อร่อย おいしい	ル プラーウ rɯ́ɯ plàaw หรือเปล่า ですか?	K K

3 〜なんですか?

疑いや意外に感じる気持ちがある時に使う疑問表現です。返答は 1 と同じです。p.36 の名詞文の疑問文 2 と同じ表現です。

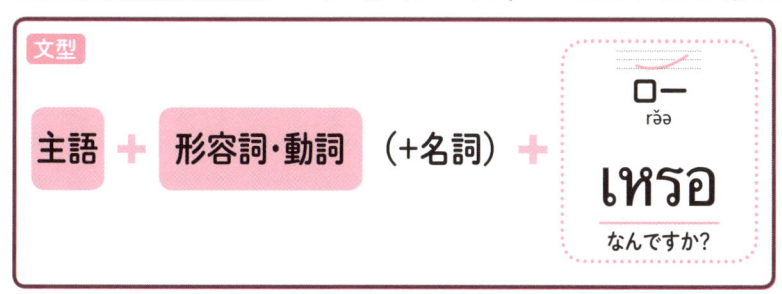

文型

主語 + 形容詞・動詞 (+名詞) + เหรอ rěɔ なんですか?

例 パッタイ(タイ風焼きそば)は甘いんですか?

主語	形容詞	疑問詞
パッ(ト)タイ phàt thay ผัดไทย パッタイ	ワーン wǎan หวาน 甘い	ロー rěɔ เหรอ なんですか?

K / K

4 〜ですよね?

知ってはいるものの、念を押して確認したいときに使う疑問表現です。返答は 1 と同じです。p.37 の名詞文の疑問文 3 と同じ表現です。

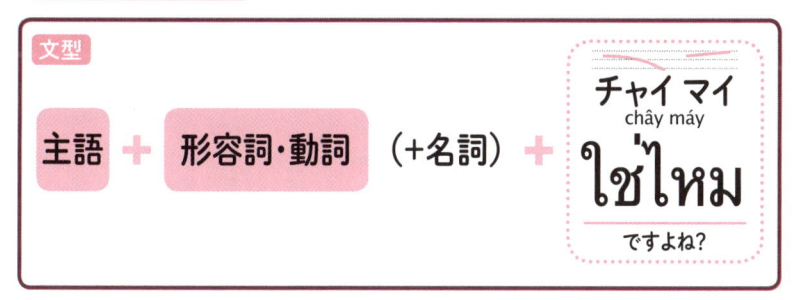

文型

主語 + 形容詞・動詞 (+名詞) + チャイ マイ chây máy ใช่ไหม ですよね?

例 ソムタム(パパイヤサラダ)は辛いんですよね?

主語	形容詞	疑問詞
ソムタム sômtam ส้มตำ ソムタム	ペッ(ト) phèt เผ็ด 辛い	チャイ マイ chây máy ใช่ไหม ですよね?

K / K

タイ語の基本 5 いろいろな疑問詞

よく使う疑問詞を挙げておきましょう。文にしなくても、いずれも疑問詞だけで「何？」「誰？」「どこ？」というように使うこともできます。

何	誰	どこ
アライ ʔaray อะไร	クライ khray ใคร	ティーナイ thîi nǎy ที่ไหน

いつ	何時
ムゥアライ mûaràybr>เมื่อไร	ギーモーン(グ) kìi mooŋ กี่โมง

いくら	何歳	なぜ
タウライ thâwrày เท่าไร	アーユ タウライ ʔaayú thâwrày อายุเท่าไร	タムマイ thammay ทำไม

例 これは何ですか？

| ニー
nîi
นี่
これ | アライ
ʔaray
อะไร
何？ | K
K |

例 エレベーターはどこにありますか？

| リッ(プ)
líp
ลิฟต์
エレベーター | ユー
yùu
อยู่
ある | ティーナイ
thîi nǎy
ที่ไหน
どこ？ | K
K |

タイ語の基本 6 — 所有・所属（〜の…）

所有や所属を意味する「〜の…」の表現。語順は日本語と逆で、「あなた の かばん」は「かばん の あなた」になります。

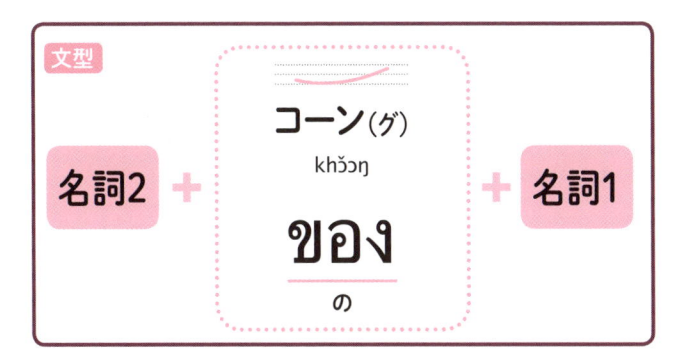

文型

名詞2 ＋ コーン(グ) khɔ̌ɔŋ ของ（の）＋ 名詞1

例 あなたのかばん

名詞2		名詞1
グラパウ krapǎw กระเป๋า（かばん）	コーン(グ) khɔ̌ɔŋ ของ（の）	クン khun คุณ（あなた）

例 私の友達

名詞2		名詞1
プゥアン phûan เพื่อน（友達）	コーン(グ) khɔ̌ɔŋ ของ（の）	ポム phǒm ผม（僕・私(男性)）

この「コーン(グ) khɔ̌ɔŋ ของ」は省略されて、「グラパウ クン krapǎw khun กระเป๋าคุณ」や、「プゥアン ポム phûan phǒm เพื่อนผม」と言うこともよくあります。

タイ語の基本 7 — 人称代名詞

一人称単数は男女で異なり、さらに女性は丁寧さによって、2つを使い分けます。

一人称

男性の「ポム phǒm ผม」は、ビジネスから日常会話まで幅広く使えます。女性の「ディチャン dichán ดิฉัน」は、ビジネスの場などで使う丁寧な語です。「チャン chán ฉัน」は、日常会話で使うもっとも一般的な語です。

男性（単数）
僕・私
ポム
phǒm
ผม

女性（単数）
私（わたくし）
ディチャン
dichán
ดิฉัน

私（わたし）
チャン
chán
ฉัน

複数
私たち（男女共通）
プゥアッ(ク) ラウ
phûak raw
พวกเรา

二人称

単数
あなた
クン
khun
คุณ

複数
あなた方
プゥアッ(ク) クン
phûak khun
พวกคุณ

三人称

単数
彼・彼女
カウ
kháw
เขา

複数
彼ら・彼女ら
プゥアッ(ク) カウ
phûak kháw
พวกเขา

タイ語の基本 8 — 指示代名詞

タイ語も日本語と同じように、「これ・それ・あれ」「この・その・あの」「ここ・そこ・あそこ」を使い分けます。

これ・それ・あれ／この・その・あの

「これ・それ・あれ」と「この・その・あの」では、声調が違います。

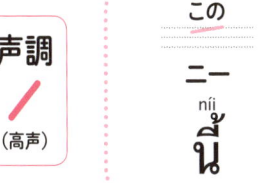

声調 ∧（下声）

これ	それ	あれ
ニー nîi นี่	ナン nân นั่น	ノーン nôon โน่น

声調 ／（高声）

この	その	あの
ニー níi นี้	ナン nán นั้น	ノーン nóon โน้น

例 これはマンゴーです。

ニー nîi นี่	マムアン(グ) mamûaŋ มะม่วง
これ	マンゴー

K K

例 その人

コン khon คน	ナン nán นั้น
人	その

ここ・そこ・あそこ

ここ	そこ	あそこ
ティー ニー thîi nîi ที่นี่	ティー ナン thîi nân ที่นั่น	ティー ノーン thîi nôon ที่โน่น

第2章 タイ語の基本

タイ語の基本 9 — 数字

CD 14

年齢、服のサイズ、金額を知る時にも、数字は必ず使います。ぜひ覚えておきましょう。

0〜10

タイでもアラビア数字が一般的ですが、公的なものにはタイ数字表記が使われます。紙幣・硬貨にもタイ数字の金額表示があります。

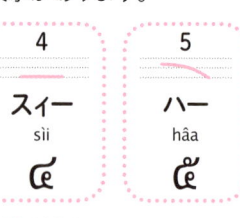

0 スーン sǔun ๐	1 ヌン(グ) nùŋ ๑	2 ソーン(グ) sɔ̌ɔŋ ๒	3 サーム sǎam ๓	4 スィー sìi ๔	5 ハー hâa ๕
6 ホッ(ク) hòk ๖	7 ジェッ(ト) cèt ๗	8 ペー(ト) pὲɛt ๘	9 ガーウ kâaw ๙	10 スィッ(プ) sìp ๑๐	

11〜百万

十の位の「2」は、特別に イー yîi を使い、2ケタ以上の数の一の位が「1」の場合は、特別に エッ(ト) ʔèt を使います。

11 スィッ(プ) エッ(ト) sìp ʔèt	12 スィッ(プ) ソーン(グ) sìp sɔ̌ɔŋ	13 スィッ(プ) サーム sìp sǎam	20 イー スィッ(プ) yîi sìp
21 イー スィッ(プ) エッ(ト) yîi sìp ʔèt	22 イー スィッ(プ) ソーン(グ) yîi sìp sɔ̌ɔŋ	30 サーム スィッ(プ) sǎam sìp	59 ハー スィッ(プ) ガーウ hâa sìp kâaw

100 (ヌン(グ))ローイ (nùŋ) rɔ́ɔy	200 ソーン(グ) ローイ sɔ̌ɔŋ rɔ́ɔy	461 スィー ローイ ホッ(ク) スィッ(プ) エッ(ト) sìi rɔ́ɔy hòk sìp ʔèt

1,000 (一千) ヌン(グ) パン nùŋ phan	10,000 (一万) ヌン(グ) ムーン nùŋ mùɯn	100,000 (十万) ヌン(グ) セーン nùŋ sɛ̌ɛn	1,000,000 (百万) ヌン(グ) ラーン nùŋ láan

※日本語と違いタイ語には、十万、百万の位で区切る呼び名があります。

タイ語の基本 10 — 年月日・曜日

CD 15

「昨日」「今日」「明日」などは、旅行中でもよく使う表現。少しずつ覚えていきましょう。

年月日

年・月・日のよく使う表現を覚えましょう。

去年
ピー ティー レーウ
pii thîi lɛ́ɛw
ปีที่แล้ว

今年
ピー ニー
pii níi
ปีนี้

来年
ピー ナー
pii nâa
ปีหน้า

先月
ドゥウアン ティー レーウ
dɯan thîi lɛ́ɛw
เดือนที่แล้ว

今月
ドゥウアン ニー
dɯan níi
เดือนนี้

来月
ドゥウアン ナー
dɯan nâa
เดือนหน้า

昨日
ムゥア ワーン
mɯ̂a waan
เมื่อวาน

今日
ワン ニー
wan níi
วันนี้

明日
プルン(グ) ニー
phrûŋ níi
พรุ่งนี้

曜日

曜日には日本語と同様に天体の名前が付けられています。

月曜日
ワン ジャン
wan can
วันจันทร์

火曜日
ワン アン(グ)カーン
wan ʔaŋkhaan
วันอังคาร

水曜日
ワン プッ(ト)
wan phút
วันพุธ

木曜日
ワン パルハッ(ト)
wan phárúhàt
วันพฤหัส

金曜日
ワン スッ(ク)
wan sùk
วันศุกร์

土曜日
ワン サウ
wan sǎw
วันเสาร์

日曜日
ワン アーティッ(ト)
wan ʔaathít
วันอาทิตย์

木曜日は正式には wan phárúhàtsàbɔɔdii วันพฤหัสบดี ですが、会話では上記のように省略されます。

第2章 タイ語の基本

47

タイ語の基本 11 — 時刻

時間帯により「〜時」にあたる言葉が違います。午後7時は夜の始まりと考え、1から数え直します。

午前

0時	ティアン(グ) クーン thîaŋ khɯɯn	เที่ยงคืน
1時	ティー ヌン(グ) tii nɯ̀ŋ	ตี 1
2時	ティー ソーン(グ) tii sɔ̌ɔŋ	ตี 2
3時	ティー サーム tii sǎam	ตี 3
4時	ティー スィー tii sìi	ตี 4
5時	ティー ハー tii hâa	ตี 5
6時	ホッ(ク) モーン チャーウ hòk mooŋ cháaw	6 โมงเช้า
7時	ジェッ(ト) モーン チャーウ cèt mooŋ cháaw	7 โมงเช้า
8時	ペー(ト) モーン チャーウ pèet mooŋ cháaw	8 โมงเช้า
9時	ガーウ モーン チャーウ kâaw mooŋ cháaw	9 โมงเช้า
10時	スィッ(プ) モーン チャーウ sip mooŋ cháaw	10 โมงเช้า
11時	スィッ(プ) エッ(ト) モーン チャーウ sip ʔèt mooŋ cháaw	11 โมงเช้า

午後

12時	ティアン(グ) thîaŋ	เที่ยง
1時	バーイ モーン(グ) bàay mooŋ	บ่ายโมง
2時	バーイ ソーン(グ) モーン(グ) bàay sɔ̌ɔŋ mooŋ	บ่าย 2 โมง
3時	バーイ サーム モーン(グ) bàay sǎam mooŋ	บ่าย 3 โมง
4時	スィー モーン(グ) イェン sìi mooŋ yen	4 โมงเย็น
5時	ハー モーン(グ) イェン hâa mooŋ yen	5 โมงเย็น
6時	ホッ(ク) モーン(グ) イェン hòk mooŋ yen	6 โมงเย็น
7時	ヌン(グ) トゥム nɯ̀ŋ thûm	1 ทุ่ม
8時	ソーン(グ) トゥム sɔ̌ɔŋ thûm	2 ทุ่ม
9時	サーム トゥム sǎam thûm	3 ทุ่ม
10時	スィー トゥム sìi thûm	4 ทุ่ม
11時	ハー トゥム hâa thûm	5 ทุ่ม

「分」は「ナーティー naathii นาที」です。

例 午後7時15分 ヌン(グ) トゥム スィッ(プ) ハー ナーティー nɯ̀ŋ thûm sip hâa naathii
1 ทุ่ม 15 นาที

タイ語の基本 12 — 類別詞

日本語で物や生き物を数える時は「〜人」「〜匹」「〜杯」というように助数詞を使いますが、タイ語も同じで、類別詞と呼ばれています。

タイ語	意味	例	タイ語例
コン khon คน	〜人	女性 5人	プーイン(グ) ハー コン phûu yǐŋ hâa khon ผู้หญิง 5 คน
トゥア tua ตัว	〜匹、〜頭 (動物、鳥、魚、虫) 〜枚、〜着 (服・下着全般)	Tシャツ 4枚	スゥア ユー(ト)スィー トゥア sʉ̂a yʉ̂ʉt sìi tua เสื้อยืด 4 ตัว
ジャーン caan จาน	〜皿 (お皿に盛られた料理)	チャーハン 2皿	カーウ パッ(ト) ソーン(グ) ジャーン khâaw phàt sɔ̌ɔŋ caan ข้าวผัด 2 จาน
チャーム chaam ชาม	〜杯 (どんぶり状の器に入った料理)	クイッティアオ (ビーフン麺) 1杯	グアイティアウ ヌン(グ) チャーム kǔaytǐaw nʉ̀ŋ chaam ก๋วยเตี๋ยว 1 ชาม
ゲーウ kɛ̂ɛw แก้ว	〜杯 (コップ・グラスに入った飲み物)	すいか ジュース 2杯	ナム テーン(グ)モー ソーン(グ) ゲーウ nám tɛɛŋmoo sɔ̌ɔŋ kɛ̂ɛw น้ำแตงโม 2 แก้ว
トゥアイ thûay ถ้วย	〜杯 (カップ・湯のみに入った飲み物)	ホットコーヒー 3杯	ガーフェー ローン サーム トゥアイ kaafɛɛ rɔ́ɔn sǎam thûay กาแฟร้อน 3 ถ้วย
アン ʔan อัน	〜個 (形が決まっていない物。類別詞がわからない物に対して、とりあえず使うこともできる)	お菓子 10個	カノム スィッ(プ) アン khanǒm sìp ʔan ขนม 10 อัน

おもしろタイ語ノート

CD 18

月の名前と日本との関係？

　各月には黄道十二星座にちなんだ名が付けられています。これは19世紀末にタイが暦を太陰暦から太陽暦に変更する際に、混乱を避けるため新たな月の名を定めたことに始まります。時の国王ラマ5世の弟で、外相のテーワウォン親王が西洋天文学の知識をもとに考案しました。ちなみに、この方が1887（明治20）年に船で日本を訪問したことがきっかけで、日本とタイは初めて正式に外交関係を樹立したのです。タイの月の名前と日本には、意外な関係性があると言えるかもしれませんね。

1月 ドゥアン モッガラー コム duan mókkaraa khom เดือนมกราคม	2月 ドゥアン グムパー パン duan kumphaa phan เดือนกุมภาพันธ์	3月 ドゥアン ミーナー コム duan miinaa khom เดือนมีนาคม
4月 ドゥアン メーサー ヨン duan meesǎa yon เดือนเมษายน	5月 ドゥアン プルッ(ト)サパー コム duan phrúɛtsaphaa khom เดือนพฤษภาคม	6月 ドゥアン ミトゥナー ヨン duan míthunaa yon เดือนมิถุนายน
7月 ドゥアン ガラガダー コム duan karákadaa khom เดือนกรกฎาคม	8月 ドゥアン スィン(グ)ハー コム duan sǐŋhǎa khom เดือนสิงหาคม	9月 ドゥアン ガンヤー ヨン duan kanyaa yon เดือนกันยายน
10月 ドゥアン トゥラー コム duan tùlaa khom เดือนตุลาคม	11月 ドゥアン プルッ(ト)サジガー ヨン duan phrúɛtsacikaa yon เดือนพฤศจิกายน	12月 ドゥアン タンワー コム duan thanwaa khom เดือนธันวาคม

　31日の月は「コム khom คม」、30日の月は「ヨン yon ยน」、2月だけが「パン phan พันธ์」です。これらの末尾や先頭の「ドゥアン duan เดือน」は会話では省略されることもあります。

第 3 章
覚えておきたい表現30

言いたいことが言えるようになる
重要表現30を紹介します。
例文も見ながら、
応用してみましょう。

01 物について説明する名詞文の疑問文

覚えておきたい表現30

[〜は…ですか?]

主語（物） ＋ 名詞 ＋ ルプラーウ
rŭ plàaw
หรือเปล่า

これはドリアンですか?

ニー	トゥリィアン	ル プラーウ	K
nîi	thúrian	rŭ　plàaw	
นี่	ทุเรียน	หรือเปล่า	K
これ	ドリアン	ですか?	

物について尋ねる疑問表現の一例です。順に並べるだけでOK！

ここがポイント

この場合の返答は、Yes：はい　　　　　そうです

クラッ(プ)[男性] ／ カ[女性]　または　チャイ K
khráp　　　　　　　　kà　　　　　　 　 chây
ครับ　　　　　　　　　ค่ะ　　　　　　　　ใช่ K

No：いいえ　　　　　　　　　　　いいえ
マイ チャイ K　または　プラーウ K
mây chây　　　　　　　plàaw
ไม่ใช่　　K　　　　　　เปล่า　　K

になります。

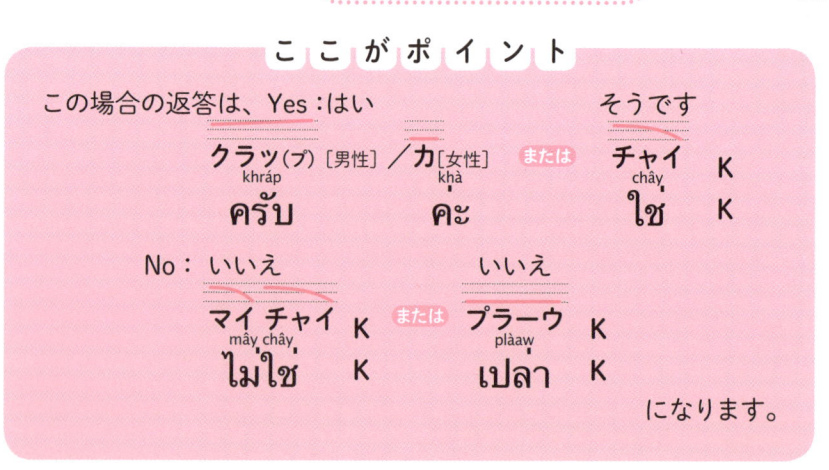

52

これはパパイヤですか？

ニー	マラゴー	ル プラーウ	K
nîi	malakɔɔ	rɯ́ plàaw	K
นี่	มะละกอ	หรือเปล่า	
これ	パパイヤ	ですか？	

それはタイ料理ですか？

ナン	アーハーン タイ	ル プラーウ	K
nân	ʔaahǎan thay	rɯ́ plàaw	K
นั่น	อาหารไทย	หรือเปล่า	
それ	タイ料理	ですか？	

ここはワット・ポーですか？

ティー ニー	ワッ(ト) ポー	ル プラーウ	K
thîi nîi	wát phoo	rɯ́ plàaw	K
ที่นี่	วัดโพธิ์	หรือเปล่า	
ここ	ワット・ポー	ですか？	

あれはあなたの車ですか？

ノーン	ロッ(ト)	コーン(グ)	クン	ル プラーウ	K
nôon	rót	khɔ̌ɔŋ	khun	rɯ́ plàaw	K
โน่น	รถ	ของ	คุณ	หรือเปล่า	
あれ	車	の	あなた	ですか？	

第3章 覚えておきたい表現30

53

02 人について説明する名詞文の疑問文

[〜は…ですか？]

覚えておきたい表現30

主語(人) ＋ เป็น (pen) ＋ 名詞 ＋ หรือเปล่า (rǔu plàaw)

あなたはタイ人ですか？

クン khun	ペン pen	コン タイ khon thay	ル プラーウ rǔu plàaw	K
คุณ	เป็น	คนไทย	หรือเปล่า	K
あなた	である	タイ人	ですか？	

人の国籍、職業、肩書、続柄などを尋ねる名詞文の疑問文の一例です。

ここがポイント

この場合の返答は、Yes：はい / そうです

クラッ(プ) [男性] khráp / カ [女性] khâ　または　チャイ chây K
ครับ / ค่ะ　　　　　　　　　　　　ใช่ K

No：いいえ　　　　　　　　　　　いいえ

マイ チャイ mây chây K　または　プラーウ plàaw K
ไม่ใช่ K　　　　　　　　　　　　　เปล่า K

になります。

あなたは大学生ですか?

クン khun	ペン pen	ナッ(ク)スッ(ク)サー náksùksǎa	ル プラーウ rɯ́ plàaw	K
คุณ あなた	เป็น である	นักศึกษา 大学生	หรือเปล่า ですか?	K

彼(彼女)は中国人ですか?

カウ kháw	ペン pen	コン ジーン khon ciin	ル プラーウ rɯ́ plàaw	K
เขา 彼(彼女)	เป็น である	คนจีน 中国人	หรือเปล่า ですか?	K

彼女はあなたのお母さんですか?

カウ kháw	ペン pen	クン メー khun mɛ̂ɛ	コーン(グ) khɔ̌ɔŋ	クン khun	ル プラーウ rɯ́ plàaw	K
เขา 彼女	เป็น である	คุณแม่ お母さん	ของ の	คุณ あなた	หรือเปล่า ですか?	K

あなたのお父さんは警察官ですか?

クン ポー khun phɔ̂ɔ	コーン(グ) khɔ̌ɔŋ	クン khun	ペン pen	タムルゥアッ(ト) tamrùat	ル プラーウ rɯ́ plàaw	K
คุณพ่อ お父さん	ของ の	คุณ あなた	เป็น である	ตำรวจ 警察官	หรือเปล่า ですか?	K

第3章 覚えておきたい表現30

55

03 形容詞文・動詞文の疑問文

覚えて
おきたい
表現30

[〜ですか？]

(主語＋)形容詞・動詞(＋名詞) ＋ ไหม
マイ
máy

CD 21

🔥 ドリアンが好きですか？

チョー(プ)	トゥリィアン	マイ	K
chɔ̂ɔp	thúrian	máy	
ชอบ	ทุเรียน	ไหม	K
好む	ドリアン	ですか？	

形容詞・動詞文の疑問文の一例です。主語（この場合は「あなた」）を省略することができます。

ここがポイント

返答は、疑問文の形容詞・動詞で答えます。「好きですか？」の場合は、

Yes：好きです。
チョー(プ) K
chɔ̂ɔp
ชอบ K
好む

No：好きではないです。
マイ　　チョー(プ) K
mây　　chɔ̂ɔp
ไม่　　ชอบ K
〜ない　好む

になります。

56

この店は高いですか?

ラーン	ニー	ペーン(グ)	マイ	K
ráan	níi	phɛɛŋ	máy	K
ร้าน	นี้	แพง	ไหม	
店	この	(値段が)高い	ですか?	

楽しいですか?

サヌッ(ク)	マイ	K
sanùk	máy	K
สนุก	ไหม	
楽しい	ですか?	

ミニコラム

タイ人の感情表現

黙っているとタイ人に「サヌッ(ク)マイ」と尋ねられるかも。タイでは「沈黙は金」は通用せず、遊ぶ時はおしゃべりして楽しく過ごすものなのです。

眠いですか?

ングアン(グ)	ノーン	マイ	K
ŋûaŋ	nɔɔn	máy	K
ง่วงนอน		ไหม	
眠い		ですか?	

ご飯を食べますか?

ターン	カーウ	マイ	K
thaan	khâaw	máy	K
ทาน	ข้าว	ไหม	
食べる	ご飯	ですか?	

第3章 覚えておきたい表現30

覚えておきたい表現30

04 形容詞・動詞に程度や様子を加える表現

［とても、少し など］

形容詞・動詞 ✚ ［程度・様子を表す副詞］

CD 22

🔥 **とても**おいしいです。

アロイ
ʔarɔ̀y
อร่อย
おいしい

マー(ク)
mâak
มาก
とても

K
K

形容詞・動詞を修飾して、程度や様子を付け加える副詞は、原則的に後ろに置きます。

ここがポイント

程度・様子を表す副詞で、よく使うものを挙げます。

とっても（口語）	たくさん（口語）	少し	頻繁に、よく
ジャン(グ) ルーイ	ユ	ニッ(ト) ノイ	ボイ
can lëey	yə́	nít nɔ̀y	bɔ̀y
จังเลย	เยอะ	นิดหน่อย	บ่อย

58

今日は**とっても**暑いです。

ワン	ニー	ローン		**ジャン**(グ) **ルーイ**	
wan	níi	rɔ́ɔn		caŋ ləəy	K
วัน	นี้	ร้อน		**จังเลย**	K
今日		暑い・熱い		とっても	

お土産を**たくさん**買います。

スー	コーン(グ) ファー(ク)		**ユ**	
sɯ́ɯ	khɔ̌ɔŋ fàak		yə́	K
ซื้อ	ของฝาก		**เยอะ**	K
買う	お土産		たくさん	

トムヤムクンは**少し**辛いです。

トムヤムグン(グ)	ペッ(ト)		**ニッ**(ト) **ノイ**	
tômyamkûŋ	phèt		nít nɔ̀y	K
ต้มยำกุ้ง	เผ็ด		**นิดหน่อย**	K
トムヤムクン	辛い		少し	

彼女は**よく**お酒を飲みます。

カウ	ドゥーム	ラウ	**ボイ**	
kháw	dɯ̀ɯm	lâw	bɔ̀y	K
เขา	ดื่ม	เหล้า	**บ่อย**	K
彼女(彼)	飲む	お酒	頻繁に	

第3章 覚えておきたい表現30

59

05 物・人の場所を尋ねる表現

覚えておきたい表現30

[～はどこにありますか？／いますか？]

物・人 ＋ ユー yùu อยู่ ＋ ティーナイ thîi nǎy ที่ไหน

🔥 トイレはどこにありますか？

| ホン(グ)ナーム hôŋ náam ห้องน้ำ トイレ | ユー yùu อยู่ ある | ティーナイ thîi nǎy ที่ไหน どこに？ |

この例文はよく使うので、丸ごと覚えると便利です。

ここがポイント

場所を尋ねる時に使う疑問表現です。「ユー yùu อยู่」は、「［物が］ある」と言いたい時にも「［人が］いる」と言いたい時にも使える動詞です。そのため、この表現を物に使った時は「［物］はどこにありますか？」、人に使った時は「［人］はどこにいますか？」という意味になります。

エレベーターはどこにありますか?

リフ(プ) líp	ユー yùu	ティー ナイ thîi nǎy	K
ลิฟต์	อยู่	ที่ไหน	K
エレベーター	ある	どこに?	

両替所はどこにありますか?

ティー レー(ク) ングン thîi lɛ̂ɛk ŋən	ユー yùu	ティー ナイ thîi nǎy	K
ที่แลกเงิน	อยู่	ที่ไหน	K
両替所	ある	どこに?	

アジアホテルはどこにありますか?

ローン(グ)レーム エーチィア rooŋrɛɛm ʔeechia	ユー yùu	ティー ナイ thîi nǎy	K
โรงแรมเอเชีย	อยู่	ที่ไหน	K
アジアホテル	ある	どこに?	

あなたの恋人はどこにいますか?

フェーン fɛɛn	コーン(グ) khɔ̌ɔŋ	クン khun	ユー yùu	ティー ナイ thîi nǎy	K
แฟน	ของ	คุณ	อยู่	ที่ไหน	K
恋人	の	あなた	いる	どこに?	

第3章 覚えておきたい表現30

06 物・人の場所を表す表現

覚えて
おきたい
表現30

[〜は[場所]にあります／います]

物・人 ＋ ユー yùu อยู่ ＋ ティー thîi ที่ ＋ 場所

CD 24

👑 私の家は東京にあります。

バーン bâan บ้าน	チャン chán ฉัน	ユー yùu อยู่	ティー thîi ที่	トーギィアウ tookiaw โตเกียว	K K
家	私(女性)	ある	に	東京	

ここがポイント

「ティー thîi ที่」は場所を表す「〜に、〜で」の意味。前に「ある、行く、来る」など場所について言っていることがわかる動詞がある時には、省略することもあります。上やp.63の例文でも省略できます。

ホテルはスクンビット通りにあります。

ローン(グ)レーム	ユー	ティー	タノン	スクムウィツ(ト)	K
rooŋrɛɛm	yùu	thîi	thanǒn	sùkhǔmwít	K
โรงแรม	อยู่	ที่	ถนน	สุขุมวิท	K
ホテル	ある	に	通り	スクンビット	

トイレは3階にあります。

ホン(グ)ナーム	ユー	ティー	チャン	サーム	K
hɔ̂ŋ náam	yùu	thîi	chán	sǎam	K
ห้องน้ำ	อยู่	ที่	ชั้น	3	K
トイレ	ある	に	階	3	

銀行はあそこにあります。

タナーカーン	ユー	ティーノーン	K
thanaakhaan	yùu	thîi nôon	K
ธนาคาร	อยู่	ที่โน่น	K
銀行	ある	あそこに	

> チャン chán ชั้น + 数字で「～階」という意味になります。

私の恋人は日本にいます。

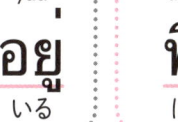

フェーン	コーン(グ)	チャン	ユー	ティー	イープン	K
fɛɛn	khɔ̌ɔŋ	chán	yùu	thîi	yîipùn	K
แฟน	ของ	ฉัน	อยู่	ที่	ญี่ปุ่น	K
恋人	の	私(女性)	いる	に	日本	

第3章 覚えておきたい表現30

63

07 物・人の位置関係を表す表現

覚えておきたい表現30

[～は[場所]の…にあります／います]

物・人 ＋ ユー yùu ・ อยู่ ＋ 位置を表す語 ＋ 場所

CD 25

👑 エレベーターはカフェの前にあります。

リッ(プ)	ユー	ナー	ラーン ガーフェー
líp	yùu	nâa	ráan kaafɛɛ
ลิฟต์	อยู่	หน้า	ร้านกาแฟ
エレベーター	ある	の前に	カフェ

ここがポイント

場所との位置関係を表す語は、場所の前に置きます。

の後ろに
ラン(グ)
lǎŋ
หลัง

の中に
ナイ
nay
ใน

の隣に
カン(グ) カーン(グ)
khâŋ khâaŋ
ข้าง ๆ

の左側に
カーン(グ) サーイ コーン(グ)
khâaŋ sáay khɔ̌ɔŋ
ข้างซ้ายของ

の右側に
カーン(グ) クワー コーン(グ)
khâaŋ khwǎa khɔ̌ɔŋ
ข้างขวาของ

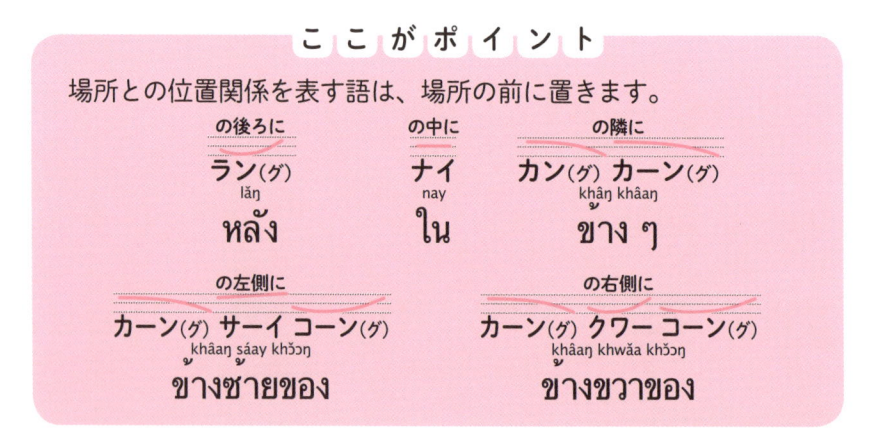

マッサージ店はホテルの前にあります。

ラーン ヌゥアツ(ト)	ユー	ナー	ローン(グ)レーム	K
ráan nûat	yùu	nâa	rooŋrɛɛm	
ร้านนวด	อยู่	หน้า	โรงแรม	K
マッサージ店	ある	の前に	ホテル	

銀行はデパートの中にあります。

タナーカーン	ユー	ナイ	ハーン(グ)	K
thanaakhaan	yùu	nay	hâaŋ	
ธนาคาร	อยู่	ใน	ห้าง	K
銀行	ある	の中に	デパート	

薬局はエレベーターの右側にあります。

ラーン カーイ ヤー	ユー	カーン(グ) クワー コーン(グ)	リツ(プ)	K
ráan khǎay yaa	yùu	khâaŋ khwǎa khɔ̌ɔŋ	líp	
ร้านขายยา	อยู่	ข้างขวาของ	ลิฟต์	K
薬局	ある	の右側に	エレベーター	

私の部屋は彼(彼女)の部屋の隣にあります。

ホン(グ)	ポム	ユー	カン(グ)カーン(グ)	ホン(グ)	カウ	K
hɔ̂ŋ	phǒm	yùu	khâŋ khâaŋ	hɔ̂ŋ	kháw	
ห้อง	ผม	อยู่	ข้าง ๆ	ห้อง	เขา	K
部屋	僕・私(男性)	ある	の隣に	部屋	彼・彼女	

第3章 覚えておきたい表現30

08 物があるかどうか尋ねる表現

覚えておきたい表現30

[〜はありますか?]

ミー mii + 物 + マイ máy

มี + 物 + ไหม

🔸 トムヤムクンはありますか?

ミー mii	トムヤムグン(グ) tômyamkûŋ	マイ máy	K
มี	ต้มยำกุ้ง	ไหม	K
ある	トムヤムクン	ですか?	

レストランなどで、トムヤムクンがあるかどうかを尋ねる場面で使う表現です。

ここがポイント

「ミー mii มี」と「ユー yùu อยู่」は、いずれも「ある」の意味ですが使い方が違います。例文は、この店にトムヤムクンがあるかどうか知らないため、尋ねています。そのような場合には「ミー mii มี」を使います。

一方、「トムヤムクンは(メニューの)どこにありますか?」と尋ねる時には、トムヤムクンがあることは知っているものの、メニューのどこにあるかわからないという状況です。そのような場合には「ユー yùu อยู่」を使います。

ヘアドライヤーはありますか?

ミー mii	ダイ パウ ポム day pàw phǒm	マイ máy	K
มี ある	ไดร์เป่าผม ヘアドライヤー	ไหม ですか?	K

マンゴージュースはありますか?

ミー mii	ナム マムゥアン(グ) nám mamûaŋ	マイ máy	K
มี ある	น้ำมะม่วง マンゴージュース	ไหม ですか?	K

ここにWi-Fiはありますか?

ティー ニー thîi nîi	ミー mii	ワイファイ wayfay	マイ máy	K
ที่นี่ ここに	มี ある	ไวไฟ Wi-Fi	ไหม ですか?	K

このあたりにコンビニはありますか?

テウ ニー thěw níi	ミー mii	ラーン サドゥアッ(ク) スー ráan sadùak súɯ	マイ máy	K
แถวนี้ このあたり	มี ある	ร้านสะดวกซื้อ コンビニエンスストア	ไหม ですか?	K

第3章 覚えておきたい表現30

67

| 09 | 値段を尋ねる表現 |

[〜はいくらですか?]

覚えておきたい表現30

物 ＋ タウライ thâwrày
เท่าไร

CD 27

👑 **アイスコーヒーはいくらですか?**

ガーフェー イェン
kaafɛɛ yen
กาแฟเย็น
アイスコーヒー

タウライ
thâwrày
เท่าไร
いくら?

K
K

「タウライ thâwrày เท่าไร」だけで「いくら?」の意味でも使うことができます。

ここがポイント

目の前の品物を指して「この〜」と言う場合「物＋類別詞＋ニー níi นี้」が正しい言い方です。「物＋ニー níi นี้」だけだと「その物一般」の意味になります。

例）このお菓子→

目の前のこのお菓子

カノム アン ニー
khanǒm ʔan níi
ขนม อัน นี้
お菓子 [類]個 この

この種類のお菓子一般

カノム ニー
khanǒm níi
ขนม นี้
お菓子 この

ビールはいくらですか?

ビィア bia	タウライ thâwrày	K
เบียร์ ビール	เท่าไร いくら?	K

ミニコラム

タイのビールについて

「ビィア スィン⁽ᵍ⁾ bia sǐŋ เบียร์สิงห์（シンハー）」と「ビィア チャーン⁽ᵍ⁾ bia cháaŋ เบียร์ช้าง（象）」が2大ビール。通常氷入りで飲みます。

鉄道の切符はいくらですか?

トゥア tǔa	ロッ⁽ト⁾ファイ rót fay	タウライ thâwrày	K
ตั๋ว 切符	รถไฟ 鉄道	เท่าไร いくら?	K

この服はいくらですか?

スゥア sûa	トゥア tua	ニー níi	タウライ thâwrày	K
เสื้อ 服	ตัว [類]枚	นี้ この	เท่าไร いくら?	K

このかばんはいくらですか?

グラパウ krapǎw	バイ bay	ニー níi	タウライ thâwrày	K
กระเป๋า かばん	ใบ [類]個	นี้ この	เท่าไร いくら?	K

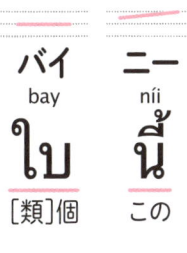

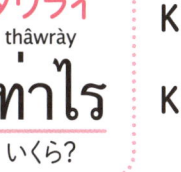

かばんの類別詞は「バイ bay ใบ」です。他に料理を盛りつけていない食器（皿、どんぶり、コップ、カップ等）や切符にも使います。

第3章 覚えておきたい表現30

10 買い物や注文の時に使う表現

覚えておきたい表現30

[〜をください]

コー
khɔ̌ɔ
ขอ ＋ 物

メニューをください。

コー
khɔ̌ɔ
ขอ
ください

メーヌー
meenuu
เมนู
メニュー

K

欲しい物を後ろに置くだけです。

ここがポイント

買い物や料理の注文の時によく使う表現です。同じ物を複数欲しい時には「物＋数＋類別詞」で言います。

例）Tシャツを3枚ください。

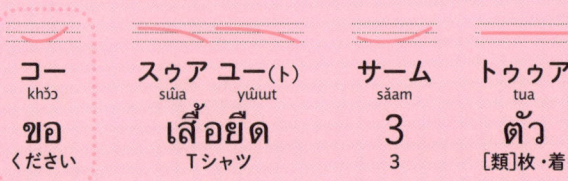

コー
khɔ̌ɔ
ขอ
ください

スゥア ユー(ト)
sûa　yúɯt
เสื้อยืด
Tシャツ

サーム
sǎam
3
3

トゥゥア
tua
ตัว
[類]枚・着

ソムタム（パパイヤサラダ）をください。

コー khɔ̌ɔ	ソムタム sômtam	K
ขอ ください	ส้มตำ ソムタム	K

ミニコラム

タイ料理について

タイ料理にはトムヤムクンを代表とする中部タイ料理の他、イサーン（東北地方）、北タイ、南タイの各地方ごとに特色のある料理があります。

スプーンとフォークをください。

コー khɔ̌ɔ	チョーン chɔ́ɔn	ソム sɔ̂m	K
ขอ ください	ช้อน スプーン	ส้อม フォーク	K

ホット・ラテを2杯ください。

コー khɔ̌ɔ	ラーテー laatêe	ローン rɔ́ɔn	ソーン(グ) sɔ̌ɔŋ	トゥアイ thûay	K
ขอ ください	ลาเต้ ラテ	ร้อน 熱い・暑い	2 2	ถ้วย [類]杯	K

ビールを4本ください。

コー khɔ̌ɔ	ビィア bia	スィー sìi	クウアッ(ト) khùat	K
ขอ ください	เบียร์ ビール	4 4	ขวด [類]本	K

第3章 覚えておきたい表現30

> 覚えておきたい表現30

11 物事が過度であることを表す表現

[〜すぎます]

形容詞 ＋ パイ pay ไป

🔥 (値段が)高**すぎます。**

ペーン(グ)
phɛɛŋ
แพง
(値段が)高い

パイ
pay
ไป
〜すぎる

K
K

「パイ pay ไป」は動詞「行く」と同じ語ですが、こういう「〜すぎる」という使い方もあります。

ここがポイント

「グーン パイ kəən pay เกินไป」と言うこともありますが、硬い表現です。「パイ pay ไป」のほうが口語的です。

辛すぎます。

ペッ(ト) phèt	パイ pay	K
เผ็ด 辛い	ไป ～すぎる	K

ミニコラム

タイの激辛料理

イサーン(東北地方)料理は激辛で有名ですが、さらに上をいくのが南タイ料理。本場のゲーンソムは一口で悶絶するほどの辛さです。

今日は暑すぎます。

ワン ニー wan níi	ローン rɔ́ɔn	パイ pay	K
วันนี้ 今日	ร้อน 暑い・熱い	ไป ～すぎる	K

エアコンが寒すぎます。

エー ʔɛɛ	ナーウ nǎaw	パイ pay	K
แอร์ エアコン	หนาว 寒い	ไป ～すぎる	K

空港は遠すぎます。

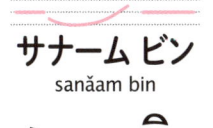

サナーム ビン sanǎam bin	グライ klay	パイ pay	K
สนามบิน 空港	ไกล 遠い	ไป ～すぎる	K

第3章 覚えておきたい表現30

12 程度や頻度が高くないことを表す表現

覚えておきたい表現30

[あまり〜ありません]

マイ コイ
mây khôy
ไม่ค่อย ＋ 動詞・形容詞

CD 30

👑 **あまり**疲れて**ません**。

| マイ コイ
mây khôy
ไม่ค่อย
あまり〜ない | ヌゥアイ
nùay
เหนื่อย
疲れた | K

K |

あまり難しくない

マイ コイ	ヤー(ク)
mây khôy	yâak
ไม่ค่อย	ยาก

ですね?

ここがポイント

似た意味の表現も紹介しておきます。

いくらも〜ない、たいして〜ない
マイ ＋ 動詞・形容詞 ＋ タウライ
mây / thâwrày
ไม่ / เท่าไร

例) いくらも疲れてません。

マイ	ヌゥアイ	タウライ
mây	nùay	thâwrày
ไม่	เหนื่อย	เท่าไร

74

あまりおなかがすいてません。

マイコイ	ヒウ	K
mây khɔ̂y	hǐw	
ไม่ค่อย	หิว	K
あまり〜ない	おなかがすく	

あまり時間がありません。

マイコイ	ミー	ウェーラー	K
mây khɔ̂y	mii	weelaa	
ไม่ค่อย	มี	เวลา	K
あまり〜ない	ある	時間	

この服はあまりかわいくありません。

スゥア	トゥア	ニー	マイコイ	ナーラッ(ク)	K
sûa	tua	níi	mây khɔ̂y	nâa rák	
เสื้อ	ตัว	นี้	ไม่ค่อย	น่ารัก	K
服	[類]枚	この	あまり〜ない	かわいい	

私はあまり元気ではありません。

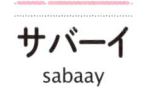

チャン	マイコイ	サバーイ	K
chán	mây khɔ̂y	sabaay	
ฉัน	ไม่ค่อย	สบาย	K
私(女性)	あまり〜ない	元気な	

ミニコラム

体調不良時には…

体調不良時はタイ料理の匂いが気になるかも。無理をせず和食やフルーツなどを食べましょう。グァバジュースは体への吸収が早いそうです。

第3章 覚えておきたい表現30

75

13 可能かどうか尋ねる表現

覚えておきたい表現30

[～できますか？／～していいですか？]

（主語＋）動詞（＋名詞）＋ ไดไหม ダイマイ dây máy

日本語を話すことはできますか？

プー(ト) phûut	パーサー イープン phaasǎa yîipùn	ダイ マイ dây máy	K
พูด	ภาษาญี่ปุ่น	ได้ไหม	K
話す	日本語	できますか？	

「～できる」（可能）かを尋ねるだけでなく、「～していい」（許可）かを尋ねる時にも使えます。

ここがポイント

「～できる　ダイ dây ได้」は動詞の後ろに置いて使います。肯定文と否定文では「ダーイ dâay ได้」と長く発音します。

例） 日本語を話すことができます。

プー(ト) phûut	パーサー イープン phaasǎa yîipùn	ダーイ dâay	K
พูด	ภาษาญี่ปุ่น	ได้	K
話す	日本語	できる	

日本語を話すことができません。

プー(ト) phûut	パーサー イープン phaasǎa yîipùn	マイ ダーイ mây dâay	K
พูด	ภาษาญี่ปุ่น	ไม่ได้	K
話す	日本語	～できない	

76

サイアムに行くことはできますか？（タクシーに乗る時）

パイ pay	サヤーム sayăam	ダイ マイ dây máy	K
ไป 行く	สยาม サイアム	ได้ไหม できますか？	K

（値段を）まけることはできますか？（店で値切る時）

ロッ(ト) lót	ダイ マイ dây máy	K
ลด 値引きをする	ได้ไหม できますか？	K

ミニコラム

値切る時のコツ

①値段を尋ねて返答に一瞬の間があったら高めに言われた証拠かもしれません。値切ってみましょう。②単品で値切った後に複数買うからもっとまけて、と交渉するのも手です。

袋に入れることはできますか？（袋に入れてもらえますか？—買い物時）

サイ sày	トゥン(グ) thŭŋ	ダイ マイ dây máy	K
ใส่ 入れる	ถุง 袋	ได้ไหม できますか？	K

トイレに行っていいですか？

パイ pay	ホン(グ) ナーム hôŋ náam	ダイ マイ dây máy	K
ไป 行く	ห้องน้ำ トイレ	ได้ไหม できますか？	K

第3章 覚えておきたい表現30

14 軽い依頼の表現

覚えておきたい表現30

[〜してください]

チュアイ chûay ชวย ＋ 動詞 ＋ ノイ nɔ̀y หน่อย ／ ドゥアイ dûay ด้วย

🔥 ちょっとゆっくり話**してください**。

チュアイ chûay ชวย	プー(ト) phûut พูด	チャチャー chá cháa ช้า ๆ	ノイ nɔ̀y หน่อย
〜してください	話す	ゆっくり	ちょっと

「チュアイ chûay ชวย」は元は「手伝う、助ける」という意味の動詞です。

ここがポイント

相手に何かを頼む時の表現ですが、それほど丁寧というわけではありません。ホテルやレストランのスタッフなどに対して使えます。文末に「ノイ nɔ̀y หน่อย」を付けると、「ちょっと〜してください」と軽く頼む意味合いになります。「ドゥアイ dûay ด้วย」を付けると、「今していることに加えて〜もしてください」というニュアンスになります。

ちょっとエアコンをつけてください。

チュウアイ chûay	プー(ト) pèet	エー ʔɛɛ	ノイ nɔ̀y	K
ช่วย	เปิด	แอร์	หน่อย	K
〜してください	つける・開ける	エアコン	ちょっと	

ちょっとドアを閉めてください。

チュウアイ chûay	ピッ(ト) pìt	プラトゥー pratuu	ノイ nɔ̀y	K
ช่วย	ปิด	ประตู	หน่อย	K
〜してください	閉める・消す	ドア	ちょっと	

タクシーを呼んでください。

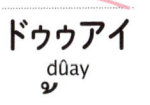

チュウアイ chûay	リィアッ(ク) rîak	テックスィー théksîi	ドゥアイ dûay	K
ช่วย	เรียก	แท็กซี่	ด้วย	K
〜してください	呼ぶ	タクシー	(も)	

高速道路に乗ってください。（タクシー運転手に対して言う時）

チュウアイ chûay	クン khûn	ターン(グ) ドゥアン thaaŋ dùan	ドゥアイ dûay	K
ช่วย	ขึ้น	ทางด่วน	ด้วย	K
〜してください	上がる	高速道路	(も)	

第3章 覚えておきたい表現30

79

15 丁寧な依頼の表現

[〜していただけませんか？]

覚えて
おきたい
表現30

チュゥアイ chûay ช่วย ＋ 動詞 ＋ ダイ マイ dây máy ได้ไหม

両替していただけませんか？

CD 33

チュゥアイ chûay ช่วย	レー(ク)ングン lɛ̂ɛk ŋən แลกเงิน	ダイ マイ dây máy ได้ไหม
〜してください	両替する	できますか？

K
K

> タイ語にも様々な丁寧表現があります。その場に合った表現を使いましょう。

ここがポイント

p.78の表現をより丁寧にした言い方です。文末に「〜できますか？」を付けて、相手の意向を尋ねることで丁寧さを表します。「ダイマイ dây máy ได้ไหม」の前に「ノイ nɔ̀y หน่อย」や「ドゥゥアイ dûay ด้วย」を付けることもできます。

ここで停めていただけませんか？（タクシー運転手に対して言う時）

チュアイ chûay	ジョー(ト) cɔ̀ɔt	ティー ニー thîi nîi	ダイ マイ dây máy	K
ช่วย 〜してください	จอด 停める	ที่นี่ ここで	ได้ไหม できますか？	K

もう一度言っていただけませんか？

チュアイ chûay	プー(ト) phûut	イー(ク) クラン(グ) ʔìik khráŋ	ダイ マイ dây máy	K
ช่วย 〜してください	พูด 言う	อีกครั้ง もう一度	ได้ไหม できますか？	K

部屋を掃除していただけませんか？

チュアイ chûay	タム クワーム サアー(ト) tham khwaam saʔàat	ホン(グ) hɔ̂ŋ	ダイ マイ dây máy	K
ช่วย 〜してください	ทำความสะอาด 掃除する	ห้อง 部屋	ได้ไหม できますか？	K

肩をマッサージしていただけませんか？

チュアイ chûay	ヌアツ(ト) nûat	ライ lày	ダイ マイ dây máy	K
ช่วย 〜してください	นวด マッサージする	ไหล่ 肩	ได้ไหม できますか？	K

第3章 覚えておきたい表現30

16 とても丁寧な依頼の表現

覚えて
おきたい
表現30

[どうか〜してください]

ガルナー
karunaa
กรุณา
＋ 動詞

👑 どうか靴をお脱ぎください。

ガルナー	トー(ト)	ローン(グ)ターウ	K
karunaa	thɔ̀ɔt	rɔɔŋ tháaw	
กรุณา	ถอด	รองเท้า	K
どうか〜してください	脱ぐ	靴	

自分で使う機会はあまりないかもしれませんが、ホテルの受付などでよく耳にする表現です。

ここがポイント

「どうか・恐れ入りますが〜してください」という意味のとても丁寧なお願いの表現です。文末に「〜できますか？」の「ダイ マイ dây máy ได้ไหม」や「ノイ nɔ̀y หน่อย」「ドゥアイ dûay ด้วย」を付けることもできます。

82

どうか少々お待ちください。

ガルナー karunaa	ロー rɔɔ	サッ(ク) クルー sàk khrûu	K
กรุณา どうか〜してください	รอ 待つ	สักครู่ 少しの間	K

どうかサインをしてください。

ガルナー karunaa	セン チュー sen chɯɯ	ドゥアイ dûay	K
กรุณา どうか〜してください	เซ็นชื่อ サインをする	ด้วย (も)	K

どうか列にお並びください。

ガルナー karunaa	トー キウ tɔ̀ɔ khiw	ドゥアイ dûay	K
กรุณา どうか〜してください	ต่อคิว 列に並ぶ	ด้วย (も)	K

どうか座席にお戻りください。（飛行機内で）

ガルナー karunaa	グラッ(プ) klàp	ティー ナン(グ) thîi nâŋ	ドゥアイ dûay	K
กรุณา どうか〜してください	กลับ 帰る・戻る	ที่นั่ง 座席	ด้วย (も)	K

第3章　覚えておきたい表現30

| 17 | 禁止を伝える表現 |

覚えておきたい表現30

[〜しないでください]

ヤー
yàa
อย่า ＋ 動詞

🔊 遅刻しないでくださいね。

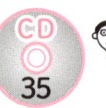

CD 35

| ヤー
yàa
อย่า
〜しないでください | マー
maa
มา
来る | サーイ
sǎay
สาย
遅れて | ナ ḱ
ná
นะ ḱ
ね |

禁止事項を伝える表現です。

ここがポイント

例文の末尾にある「ナ ná นะ」は、日本語の「〜ね」と同じ使い方をする語で、男女ともに使えます。付けることで表現が柔らかくなります。

パスポートを忘れないでくださいね。

ヤー yàa	ルーム luuum	パー(ト)サポー(ト) pháatsapɔ̀ɔt	ナ ná	K
อย่า	ลืม	พาสปอร์ต	นะ	ค
〜しないでください	忘れる	パスポート	ね	

うそをつかないでくださいね。

ヤー yàa	ゴーホッ(ク) koohòk	ナ ná	K
อย่า	โกหก	นะ	ค
〜しないでください	うそをつく	ね	

ミニコラム

タイ人と嘘

タイ人は約束をする時、都合が悪くても断ると相手に悪いと考えてOKと嘘の返事をすることがあります。直前に連絡がきてドタキャンされることも。

笑わないでください。

ヤー yàa	フゥアロ hǔarɔ́	K
อย่า	หัวเราะ	ค
〜しないでください	笑う	

お酒をたくさん飲まないでくださいね。

ヤー yàa	ドゥーム dùuum	ラウ láw	ユ yé	ナ ná	K
อย่า	ดื่ม	เหล้า	เยอะ	นะ	ค
〜しないでください	飲む	お酒	たくさん	ね	

第3章 覚えておきたい表現30

85

18 進行中、継続中を表す表現

覚えておきたい表現30

[〜しています]

動詞 ＋ ユー yùu อยู่

私はタイ語を勉強しています。

チャン	リィアン	パーサー タイ	ユー
chán	rian	phaasǎa thay	yùu
ฉัน	เรียน	ภาษาไทย	อยู่
私（女性）	勉強する	タイ語	〜している

> 今まさに何かをしている「現在進行中」の場合でも、例文のように今は進行中でなくても「状態が継続中」の場合でも使える表現です。

ここがポイント

「ある・いる」を意味する動詞「ユー yùu อยู่」は、動詞の後ろに置くと「〜している」という意味になります。
例文のように、動詞の目的語がある時には、「ユー yùu อยู่」を動詞の直後ではなく、目的語の後ろに置きます。

私はロビーで待っています。

チャン chán	ロー rɔɔ	ユー yùu	ティー thîi	ロッ(プ)ビー lɔ́ɔpbîi
ฉัน	รอ	อยู่	ที่	ล็อบบี้
私(女性)	待つ	〜している	で	ロビー

友達はシャワーを浴びています。

プゥアン phûan	アー(プ) ナーム ʔàap náam	ユー yùu
เพื่อน	อาบน้ำ	อยู่
友達	シャワーを浴びる	〜している

今、ご飯を食べています。

トーン ニー tɔɔn níi	ターン thaan	カーウ khâaw	ユー yùu
ตอนนี้	ทาน	ข้าว	อยู่
今	食べる	ご飯	〜している

私は大阪で働いています。

チャン chán	タム ンガーン tham ŋaan	ユー yùu	ティー thîi	オーサーガー ʔoosaakâa
ฉัน	ทำงาน	อยู่	ที่	โอซาก้า
私(女性)	仕事をする	〜している	で	大阪

第3章 覚えておきたい表現30

19 達成したかどうか尋ねる表現

覚えて
おきたい
表現30

[もう〜しましたか？]

（主語＋）形容詞・動詞（＋名詞）＋ ルヤン(グ) rɯ́u yaŋ หรือยัง

CD 37

🔥 もうご飯を食べましたか？

| ターン thaan ทาน 食べる | カーウ khâaw ข้าว ご飯 | ルヤン(グ) rɯ́u yaŋ หรือยัง もう〜しましたか？ | K K |

この例文は、タイ人があいさつ代わりによく言うフレーズです。

ここがポイント

本来は「レーウ ルヤン(グ) lɛ́ɛw rɯ́u yaŋ แล้วหรือยัง」ですが、長いのであまり使いません。親しい人との会話では、短く「ヤン(グ) yaŋ ยัง」とだけ言うこともあります。
「もう〜しました」は「形容詞・動詞文 + レーウ lɛ́ɛw แล้ว」です。
例）私はもうご飯を食べました。

| チャン chán ฉัน 私(女性) | ターン thaan ทาน 食べる | カーウ khâaw ข้าว ご飯 | レーウ lɛ́ɛw แล้ว もう〜しました | K K |

もうお腹がいっぱいですか？

イム	ル ヤン(グ)	K
ʔìm	rɯ́ yaŋ	
อิ่ม	หรือยัง	K
お腹がいっぱい	もう〜しましたか？	

もう起きましたか？

トゥーン	ル ヤン(グ)	K
tɯ̀ɯn	rɯ́ yaŋ	
ตื่น	หรือยัง	K
起きる	もう〜しましたか？	

もう疲れましたか？

ヌゥアイ	ル ヤン(グ)	K
nɯ̀ay	rɯ́ yaŋ	
เหนื่อย	หรือยัง	K
疲れる	もう〜しましたか？	

もう空港に着きましたか？

トゥン(グ)	サナーム ビン	ル ヤン(グ)	K
thɯ̌ŋ	sanǎam bin	rɯ́ yaŋ	
ถึง	สนามบิน	หรือยัง	K
着く	空港	もう〜しましたか？	

20 達成していないことを表す表現

覚えておきたい表現30

[〜していません]

マイ ダイ
mây dây
ไม่ได้ ＋ 形容詞・動詞

CD 38

私はご飯を食べていません。

チャン	マイダイ	ターン	カーウ K
chán	mây dây	thaan	khâaw
ฉัน	ไม่ได้	ทาน	ข้าว K
私(女性)	〜していない	食べる	ご飯

p.88の疑問文への否定の返答にも使えます。

ここがポイント

まだ達成していないことを表す「〜していません」の表現です。現在進行形の否定ではありません。p.76の「〜できません」との語順の違いに注意してください。直前に「まだ」の意味の「ヤン(グ) yaŋ ยัง」を付けると「まだ〜していません」になります。

例) 私はまだご飯を食べていません。

チャン	ヤン(グ)	マイダイ	ターン	カーウ K
chán	yaŋ	mây dây	thaan	khâaw
ฉัน	ยัง	ไม่ได้	ทาน	ข้าว K
私(女性)	まだ	〜していません	食べる	ご飯

昨晩、私はお酒を飲んでいません。

ムゥア mûa	クーン khɯɯn	チャン chán	**マイ ダイ mây dây**	ドゥーム dùɯm	ラウ lâw	K
เมื่อคืน	ฉัน	**ไม่ได้**	ดื่ม	เหล้า	K
昨晩	私(女性)	**〜していない**	飲む	お酒	

私はまだ結婚していません。

チャン chán	ヤン(グ) yaŋ	**マイ ダイ mây dây**	テン(グ) ンガーン tèŋ ŋaan	K
ฉัน	ยัง	**ไม่ได้**	แต่งงาน	K
私(女性)	まだ	**〜していない**	結婚する	

まだお土産を買っていません。

ヤン(グ) yaŋ	**マイ ダイ mây dây**	スー sɯ́ɯ	コーン ファー(ク) khɔ̌ɔŋ fàak	K
ยัง	**ไม่ได้**	ซื้อ	ของฝาก	K
まだ	**〜していない**	買う	お土産	

私はまだ化粧をしていません。

チャン chán	ヤン(グ) yaŋ	**マイ ダイ mây dây**	テン(グ) ナー tèŋ nâa	K
ฉัน	ยัง	**ไม่ได้**	แต่งหน้า	K
私(女性)	まだ	**〜していない**	化粧をする	

第3章 覚えておきたい表現30

21 相手に許可を求める表現

覚えておきたい表現30

[〜させてください]

コー khɔ̌ɔ ขอ ＋ 動詞

🔥 トイレに行かせてください。

コー	パイ	ホン(グ) ナーム
khɔ̌ɔ	pay	hɔ̂ŋ náam
ขอ	ไป	ห้องน้ำ
〜させてください	行く	トイレ

相手に許可を求める言い方なので、比較的丁寧な表現です。

ここがポイント

p.70 の「〜をください」と同じ「コー khɔ̌ɔ ขอ」を使いますが、こちらは後ろに動詞を置きます。なお、「〜を貸してください」は、タイ語には「貸す」という語がないので、「借りる」の意味の「ユーム yuuum ยืม」を使って「借りさせてください」という言い方をします。

例）電話を貸してください。

コー	ユーム	トーラサッ(プ)
khɔ̌ɔ	yuuum	thoorasàp
ขอ	ยืม	โทรศัพท์
〜させてください	借りる	電話

このかばんを見せてください。

コー khɔ̌ɔ	ドゥー duu	グラパウ krapǎw	バイ bay	ニー níi	K
ขอ ～させてください	ดู 見る	กระเป๋า かばん	ใบ [類]個	นี้ この	K

少し休憩させてください。

コー khɔ̌ɔ	パッ(ク) phák ポーン phɔ̀ɔn	ニッ(ト) nít ノイ nɔ̀y	K
ขอ ～させてください	พักผ่อน 休憩する	นิดหน่อย 少し	K

ちょっと写真を撮らせてください。

コー khɔ̌ɔ	ターイ thàay ループ rûup	ノイ nɔ̀y	K
ขอ ～させてください	ถ่ายรูป 写真を撮る	หน่อย ちょっと	K

ちょっとペンを貸してください（借りさせてください）。

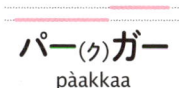

コー khɔ̌ɔ	ユーム yuuum	パー(ク)ガー pàakkaa	ノイ nɔ̀y	K
ขอ ～させてください	ยืม 借りる	ปากกา ペン	หน่อย ちょっと	K

第3章 覚えておきたい表現30

22 未来・予定を表す表現

覚えて
おきたい
表現30

[未来・予定を表す助動詞]

（主語 ＋）　ジャ ca / จะ　＋　動詞

私はアユタヤに行く**つもり**です。

チャン	ジャ	パイ	アユッ(ト)タヤー	
chán	ca	pay	ʔayútthayaa	
ฉัน	จะ	ไป	อยุธยา	K
私(女性)	[未来・予定]	行く	アユタヤ	

英語の「will」と同じ使い方をします。

ここがポイント

「ジャ ca ／ cà จะ」は、未来を表す助動詞です。「〜するつもりです」という予定や意思を伝える時にも使います。否定文にする時には、この助動詞と動詞の間に「マイ mây ไม่」を入れます。

🌸 雨が降ります。

フォン	ジャ	トッ(ク)	K
fǒn	ca	tòk	
ฝน	จะ	ตก	K
雨	[未来・予定]	落ちる・降る	

> **ミニコラム**
> **タイの天気**
> バンコク周辺では5〜10月が雨季。10月が最も雨が降り、道路が冠水することも日常風景です。でも、多くは夕方〜夜に1時間ほどザーッと降って終わりです。

🌸 明日私は日本に帰ります。

プルン(グ) ニー	チャン	ジャ	グラッ(プ)	イープン	K
phrûŋ níi	chán	ca	klàp	yîipùn	
พรุ่งนี้	ฉัน	จะ	กลับ	ญี่ปุ่น	K
明日	私(女性)	[未来・予定]	帰る	日本	

🌸 今日はサイアムに行きますか?

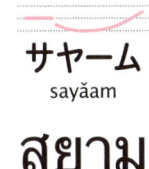

ワン ニー	ジャ	パイ	サヤーム	マイ	K
wan níi	ca	pay	sayǎam	máy	
วันนี้	จะ	ไป	สยาม	ไหม	K
今日	[未来・予定]	行く	サイアム	ですか?	

🌸 明日私は寝坊しないつもりです。

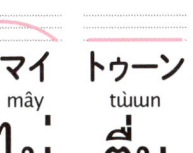

プルン(グ) ニー	チャン	ジャ	マイ	トゥーン	サーイ	K
phrûŋ níi	chán	ca	mây	tùuun	sǎay	
พรุ่งนี้	ฉัน	จะ	ไม่	ตื่น	สาย	K
明日	私(女性)	[未来・予定]	〜ない	起きる	遅れて	

第3章 覚えておきたい表現30

23 希望を伝える表現

覚えておきたい表現30

[〜したいです]

(主語 ➕) ヤー(ク) yàak ➕ 動詞
อยาก

♛ 私はトイレに**行き**たいです。

CD 41

ポム	ヤー(ク)	パイ	ホン(グ) ナーム	K
phǒm	yàak	pay	hôŋ náam	
ผม	อยาก	ไป	ห้องน้ำ	K
僕・私(男性)	〜したい	行く	トイレ	

💬 主語が三人称（彼・彼女など）の時も「〜したがっています」の意味で使えます。

ここがポイント

「ヤー(ク) ジャ yàak ca อยากจะ」と言うこともあります。否定形の「〜したくありません」は、「マイ ヤー(ク) mây yàak ไม่อยาก」または「マイ ヤー(ク) ジャ mây yàak ca ไม่อยากจะ」です。

私はタイへ旅行に行きたいです。

ポム phǒm	ヤー(ク) yàak	パイ ティアウ pay thîaw	ムゥアン(グ) タイ muaŋ thay	K
ผม 僕・私(男性)	อยาก 〜したい	ไปเที่ยว 旅行に行く	เมืองไทย タイ	K

ゾウにとても乗りたいです。

ヤー(ク) yàak	キー khìi	チャーン(グ) cháaŋ	マー(ク) mâak	K
อยาก 〜したい	ขี่ 乗る	ช้าง ゾウ	มาก とても	K

マンゴーを食べたいですか？

ヤー(ク) yàak	ターン thaan	マムゥアン(グ) mamûaŋ	マイ máy	K
อยาก 〜したい	ทาน 食べる	มะม่วง マンゴー	ไหม ですか？	K

私は日本に帰りたくありません。

ポム phǒm	マイ mây	ヤー(ク) yàak	グラッ(プ) klàp	イープン yîipùn	K
ผม 僕・私(男性)	ไม่ 〜ない	อยาก 〜したい	กลับ 帰る	ญี่ปุ่น 日本	K

第3章 覚えておきたい表現30

24 「いつ〜?」と尋ねる表現

覚えて
おきたい
表現30

[いつ?]

文 ＋ ムゥアライ
mûaràɏ
เมื่อไร

あなたはいつタイに来ましたか?

CD 42

クン	マー	ムゥアン(ㇰ) タイ	ムゥアライ	
khun	maa	mɯaŋ thay	mûaràɏ	
คุณ	มา	เมืองไทย	เมื่อไร	K
あなた	来る	タイ	いつ?	K

「ムゥアライ mûaràɏ เมื่อไร」を文末に置きます。

ここがポイント

「いつ?」と尋ねる疑問表現です。未来のことにも過去のことにも、両方に使えます。

あなたはいつタイに行きますか?

クン	ジャ	パイ	ムゥアン(グ) タイ	ムゥアライ	K
khun	ca	pay	mɯaŋ thay	mûarày	K
คุณ	จะ	ไป	เมืองไทย	เมื่อไร	
あなた	[未来・予定]	行く	タイ	いつ?	

あなたはいつ結婚しましたか?

クン	テン(グ)ンガーン	ムゥアライ	K
khun	tèŋŋaan	mûarày	K
คุณ	แต่งงาน	เมื่อไร	
あなた	結婚する	いつ?	

あなたはいつかばんを買いましたか?

クン	スー	グラパウ	ムゥアライ	K
khun	súɯ	krapǎw	mûarày	K
คุณ	ซื้อ	กระเป๋า	เมื่อไร	
あなた	買う	かばん	いつ?	

あなたはいつまたタイに来ますか?

クン	ジャ	マー	ムゥアン(グ) タイ	イー(ク)	ムゥアライ	K
khun	ca	maa	mɯaŋ thay	ʔìik	mûarày	K
คุณ	จะ	มา	เมืองไทย	อีก	เมื่อไร	
あなた	[未来・予定]	来る	タイ	また	いつ?	

第3章 覚えておきたい表現30

99

25 「何～?」と尋ねる表現

覚えて
おきたい
表現30

[何?]

アライ
ʔaray

อะไร

CD 43

🔥 これは何ですか？

アン	ニー	アライ	K
ʔan	níi	ʔaray	
อัน	นี้	อะไร	K
[類]個	この	何?	

類別詞「アン ʔan อัน」は、形の決まっていない物や、類別詞がわからない物に対して使えます。

ここがポイント

「何?」と尋ねる疑問詞です。ただ「アライ ʔaray อะไร」とだけ言って、「何?」「何の用?」と尋ねる意味でも使えます。

この店は何がおいしいですか?

ラーン	ニー	アライ	アロイ	K
ráan	níi	ʔaray	ʔarɔ̀y	K
ร้าน	นี้	อะไร	อร่อย	
店	この	何?	おいしい	

これは何のフルーツですか?

ニー	ポンラマーイ	アライ	K
nîi	phǒnlamáay	ʔaray	K
นี่	ผลไม้	อะไร	
これ	フルーツ	何?	

あなたは、お名前は何ですか?

クン	チュー	アライ	K
khun	chɯ̂ɯ	ʔaray	K
คุณ	ชื่อ	อะไร	
あなた	名前	何?	

ミニコラム タイ人の名前

人を呼ぶ時、タイでは下の名で呼びます。ニュースで耳にするタイの○○首相も、すべて下の名です。親しい間柄ではニックネームで呼び合います。

あなたは何を飲みますか?

クン	ジャ	ドゥーム	アライ	K
khun	ca	dɯ̀ɯm	ʔaray	K
คุณ	จะ	ดื่ม	อะไร	
あなた	[未来・予定]	飲む	何?	

第3章 覚えておきたい表現30

101

26 自分の希望やアドバイスを伝える表現

[〜したほうがいいです]

文 ＋ ディー グワー
dii kwàa
ดีกว่า

覚えておきたい表現30

CD 44

👑 タクシーに乗ったほうがいいです。

ナン(グ)	テッ(ク)スィー	ディー グワー
nâŋ	thɛ́ksîi	dii kwàa
นั่ง	แท็กซี่	ดีกว่า
座る・乗る	タクシー	〜したほうがいい

K
K

文末に置くだけでOKです。

ここがポイント

自分の希望や相手へのアドバイスをやんわりと伝える時に使う表現です。

ここで両替したほうがいいです。

レー(ク) ングン	ティー ニー	ディー グワー
lɛ̂ɛk ŋən	thîi nîi	dii kwàa
แลกเงิน	ที่นี่	ดีกว่า
両替する	ここで	〜したほうがいい

海へ遊びに行ったほうがいいです。

パイ ティアウ	タレー	ディー グワー
pay thîaw	thalee	dii kwàa
ไปเที่ยว	ทะเล	ดีกว่า
遊び・旅行に行く	海	〜したほうがいい

氷を入れないほうがいいです。

マイ	サイ	ナム ケン(グ)	ディー グワー
mây	sày	nám khěŋ	dii kwàa
ไม่	ใส่	น้ำแข็ง	ดีกว่า
〜ない	入れる	氷	〜したほうがいい

飲み物の注文時に使う表現です。

日焼け止めクリームを塗ったほうがいいです。

ター	クリーム ガン デー(ト)	ディー グワー
thaa	khriim kan dɛ̀ɛt	dii kwàa
ทา	ครีมกันแดด	ดีกว่า
塗る	日焼け止めクリーム	〜したほうがいい

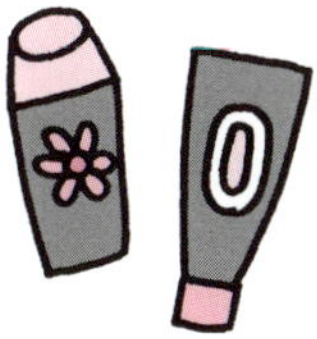

第3章 覚えておきたい表現30

27 「～しなければならない」という表現

覚えておきたい表現30

[**～しなければなりません**]

（主語 ＋） トン(グ) tôŋ ต้อง ＋ 動詞

私は切符を買わなければなりません。

| ポム phǒm ผม 僕・私（男性） | **トン(グ) tôŋ ต้อง ～しなければならない** | スー súɯ ซื้อ 買う | トゥア tǔa ตั๋ว 切符・チケット | K K |

動詞の直前に置きます。

ここがポイント

否定の「マイ トン(グ) mây tôŋ ไม่ต้อง」は、「～しなくてもよい」という意味になります。

例）あなたは切符を買わなくてもいいです。

| クン khun คุณ あなた | **マイ トン(グ) mây tôŋ ไม่ต้อง ～しなくてもよい** | スー súɯ ซื้อ 買う | トゥア tǔa ตั๋ว 切符・チケット | K K |

私はメールをチェックしなければなりません。

ポム phǒm	トン(グ) tɔ̂ŋ	チェッ(ク) chék	イーメーウ ʔiimeew	K
ผม 僕・私(男性)	ต้อง 〜しなければならない	เช็ก チェックする	อีเมล Eメール	K

午前5時に起きなければなりません。

トン(グ) tɔ̂ŋ	トゥーン tùɯn	ティー ハー tii hâa	K
ต้อง 〜しなければならない	ตื่น 起きる	ตี 5 午前5時	K

靴を脱がなければなりませんか？

トン(グ) tɔ̂ŋ	トー(ト) thɔ̀ɔt	ローン(グ)ターウ rɔɔŋ tháaw	マイ máy	K
ต้อง 〜しなければならない	ถอด 脱ぐ	รองเท้า 靴	ไหม ですか？	K

遠慮しなくてもいいです。

マイ トン(グ) mây tɔ̂ŋ	グレーン(グ) ジャイ kreeŋ cay	K
ไม่ต้อง 〜しなくてもよい	เกรงใจ 遠慮をする	K

ミニコラム
タイ人と遠慮

電車やバスではお年寄りにはもちろん、小さな子どもにも席を譲るのが常識です。さっと立ち上がり席を譲るタイ人はかっこよく見えます。

第3章 覚えておきたい表現30

| 28 | 2つのものが「同じ」ことを表す表現 |

覚えて
おきたい
表現30

［AとBは、～が同じです］

A ＋ ガッ(プ) kàp **กับ** ＋ B ＋ ～ ＋ ムゥアン ガン mǔan kan **เหมือนกัน**

🌸 姉と妹は、顔が同じです。

CD 46

| ピー サーウ
phîi sǎaw
พี่สาว
姉 | ガッ(プ)
kàp
กับ
と | ノーン(グ) サーウ
nɔ́ɔŋ sǎaw
น้องสาว
妹 | ナー
nâa
หน้า
顔 | ムゥアン ガン
mǔan kan
เหมือนกัน
同じだ |

「ガッ(プ) kàp กับ」は、2つのものを並べて言う時の「と」を意味する語です。

ここがポイント

2つのものを比べて「同じだ」という表現です。「～」には、色、形、ブランドなど、何が同じかを表す語を置きます。単に「AとBは同じです」とだけ言いたい時は「～」を省略できます。

これとあれは、同じです。

| アン ʔan อัน [類]個 | ニー níi นี้ この | ガッ(プ) kàp กับ と | アン ʔan อัน [類]個 | ノーン nóon โน้น あの | ムゥアン ガン mǔan kan เหมือนกัน 同じだ | K K |

この服とその服は、ブランドが同じです。

| スゥア sûa เสื้อ 服 | トゥア tua ตัว [類]着 | ニー níi นี้ この | ガッ(プ) kàp กับ と | トゥア tua ตัว [類]着 | ナン nán นั้น その | イーホー yîihɔ̂ɔ ยี่ห้อ ブランド | ムゥアン ガン mǔan kan เหมือนกัน 同じだ | K K |

パタヤとプーケットは、気候が同じですか？

| パッ(ト)タヤー phátthayaa พัทยา パタヤ | ガッ(プ) kàp กับ と | プーゲッ(ト) phuukèt ภูเก็ต プーケット | アーガー(ト) ʔaakàat อากาศ 気候 | ムゥアン ガン mǔan kan เหมือนกัน 同じだ | マイ máy ไหม ですか？ | K K |

タイ語とラオス語は、同じではありません。

| パーサー タイ phaasǎa thay ภาษาไทย タイ語 | ガッ(プ) kàp กับ と | パーサー ラーウ phaasǎa laaw ภาษาลาว ラオス語 | マイ mây ไม่ ～ない | ムゥアン ガン mǔan kan เหมือนกัน 同じだ | K K |

29 2つのものを比べる表現

覚えておきたい表現30

[AはBより…です]

A ＋ 形容詞 ＋ グワー kwàa กว่า ＋ B

CD 47

🔔 ランブータンはグァバより甘いです。

ンゴ ŋɔ́ เงาะ ランブータン	ワーン wǎan หวาน 甘い	グワー kwàa กว่า 〜より	ファラン(グ) faràŋ ฝรั่ง グァバ

2つのものを比べて、「どちらのほうが…だ」という表現です。

ここがポイント

AとBを比べるポイント（色、サイズ、年齢など）を伝える場合には、Aと［形容詞］の間にその語を置きます。p.109の4つめがその例文です。

電車はタクシーより速いです。

ロッ(ト)ファイ ファー	レウ	グワー	テッ(ク)スィー	K
rót fay fáa	rew	kwàa	théksîi	K
รถไฟฟ้า	เร็ว	กว่า	แท็กซี่	
電車	速い	〜より	タクシー	

ここはあそこより安いです。

ティーニー	トゥー(ク)	グワー	ティーノーン	K
thîi nîi	thùuk	kwàa	thîi nôon	K
ที่นี่	ถูก	กว่า	ที่โน่น	
ここ	安い	〜より	あそこ	

今日は昨日より暑いです。

ワンニー	ローン	グワー	ムゥア ワーン	K
wannii	rɔ́ɔn	kwàa	mûa waan	K
วันนี้	ร้อน	กว่า	เมื่อวาน	
今日	暑い・熱い	〜より	昨日	

私はあなたより歳が上です。

ポム	アーユ	マー(ク)	グワー	クン	K
phǒm	ʔaayú	mâak	kwàa	khun	K
ผม	อายุ	มาก	กว่า	คุณ	
僕・私(男性)	年齢	多い	〜より	あなた	

30 最上級を表す表現

覚えて
おきたい
表現30

[Aは一番～です]

A ＋ 形容詞 ＋ ティー スッ(ト)
thîi sùt
ที่สุด

CD 48

👑 今日は一番暑いです。

ワンニー	ローン	ティー スッ(ト)	K
wan níi	rɔ́ɔn	thîi sùt	
วันนี้	ร้อน	ที่สุด	K
今日	暑い・熱い	一番～だ	

「一番～です」
「もっとも～です」
という、最上級
の表現です。

ここがポイント

くだけた会話では省略して、「～スッ(ト) sùt สุด」と言うこともあります。

110

ショッピングは一番楽しいです。

チョッ(プ)ピン(グ)	サヌッ(ク)	ティー スッ(ト)
chɔ́ppîŋ	sanùk	thîi sùt
ช้อปปิ้ง	สนุก	ที่สุด
ショッピング	楽しい	一番〜だ

この俳優は一番かっこいいです。

ナッ(ク) サデーン(グ)	コン	ニー	ロー	ティー スッ(ト)
nák sadɛɛŋ	khon	níi	lɔ̀ɔ	thîi sùt
นักแสดง	คน	นี้	หล่อ	ที่สุด
俳優	[類]人	この	かっこいい	一番〜だ

このデパートは一番大きいです。

ハーン(グ)	ヘン(グ)	ニー	ヤイ	ティー スッ(ト)
hâaŋ	hɛ̀ŋ	níi	yày	thîi sùt
ห้าง	แห่ง	นี้	ใหญ่	ที่สุด
デパート	[類]場所	この	大きい	一番〜だ

この店は一番おいしいです。

ラーン	ニー	アロイ	ティー スッ(ト)
ráan	níi	ʔarɔ̀y	thîi sùt
ร้าน	นี้	อร่อย	ที่สุด
店	この	おいしい	一番〜だ

おもしろタイ語ノート

トムカーガイ違い

　トムカーガイ（鶏肉のココナッツミルク・スープ）は、ココナッツミルクの優しい甘さの中にハーブの風味とほんのり酸っぱさのある人気料理です。トムヤムクンより好きな人も多く、私もその一人。タイ語会話に多少自信がつき始めた頃、バンコクの食堂でトムカーガイを注文したことがありました。しかしやって来たのはトムカーガイと似ても似つかないシロモノ。透き通ったスープの中に鶏の足がごろごろ入っているではないですか。それでわかりました。私は tôm khàa kày（茹でる＋しょうがの一種＋鶏）と発音したつもりが、店員には tôm khǎa kày（茹でる＋脚＋鶏）と聞こえてしまったのです。たった1か所、àa が ǎa になっただけで全く別の意味になってしまうとは！声調を正しく発音することの重要さを思い知らされた、トホホな出来事でした。

第 **4** 章

シーン別会話集

旅行でよくあるシーン別に、
想定される会話を紹介します。
タイへ行った気分になって、
楽しく学びましょう。
入れ替え表現も便利です。

scene 1 タクシー

タクシーに乗る時と降りる時の表現です。

CD 49

プラトゥーナムへ行けますか？

パイ	プラトゥーナーム	ダイ マイ
pay	pratuu náam	dây máy
ไป	ประตูน้ำ	ได้ไหม
行く	プラトゥーナム	できますか？

行けます（できます）。

ダーイ
dâay
ได้
できる

ここで止めてください。

ジョー(ト)	ティーニー
còot	thîi nîi
จอด	ที่นี่
駐車する	ここで

159バーツです。

ローイ ハー スィッ(プ) ガーウ	バー(ト)
rɔ́ɔy hâa sìp kâaw	bàat
ร้อยห้าสิบเก้า	บาท
159	バーツ

114

入れ替え表現 & 単語

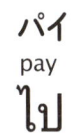

[〜へ行けますか？]

パイ 〜 ダイ マイ K
pay　　　dây máy
ไป　　　ได้ไหม

エメラルド寺院	ワット・ポー	スワンナプーム空港
ワッ(ト)プラゲーウ wát phrákɛ̂ɛw วัดพระแก้ว	ワッ(ト)ポー wát phoo วัดโพธิ์	サナームビン スワンナプーム sanǎambin sùwannaphuum สนามบินสุวรรณภูมิ

サイアム	カオサン	ドンムアン空港
サヤーム sayǎam สยาม	カーウサーン khâawsǎan ข้าวสาร	サナームビン ドーンムゥアン(グ) sanǎambin dɔɔnmɯaŋ สนามบินดอนเมือง

[〜止めてください]

ジョー(ト) 〜 K
cɔ̀ɔt
จอด

あそこで	ホテルの前で	BTSの駅の下で
ティー ノーン thîi nôon ที่โน่น	ナー ローン(グ)レーム nâa rooŋrɛɛm หน้าโรงแรม	ターイ サターニー ビーティーエス tâay sathǎanii biithiiʔés ใต้สถานีบีทีเอส

デパートの前で	歩道橋の下で	入口の前で
ナー ハーン(グ) nâa hâaŋ หน้าห้าง	ターイ サパーン ローイ tâay saphaan lɔɔy ใต้สะพานลอย	ナー ターン(グ)カウ nâa thaaŋ khâw หน้าทางเข้า

第4章 シーン別会話集（タクシー）

115

関連フレーズ

🔥 まっすぐ行ってください。

トゥロン(グ) troŋ	パイ pay K
ตรง まっすぐ	ไป K 行く

🔥 左折 / 右折してください。

リィアウ líaw	サーイ sáay K	リィアウ líaw	クワー khwǎa K
เลี้ยว 曲がる	ซ้าย K 左	เลี้ยว 曲がる	ขวา K 右

🔥 高速道路に乗ってください。

クン khûn	ターン(グ) ドゥアン thaaŋ dùan	ドゥアイ dûay K
ขึ้น 上がる	ทางด่วน 高速道路	ด้วย K (も)

🔥 料金メーターを使ってください。

チャイ cháy	ミター mítâə	ドゥアイ dûay K
ใช้ 使う	มิเตอร์ メーター	ด้วย K (も)

🔥 (トゥクトゥクの運転手に値段を聞いて) 高いです。50バーツでいいですか?

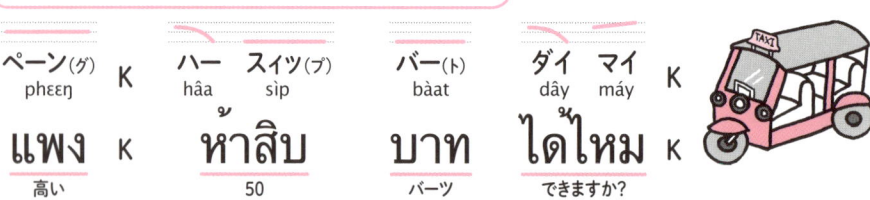

ペーン(グ) phɛɛŋ K	ハー hâa	スィッ(プ) sìp	バー(ト) bàat	ダイ dây	マイ máy K
แพง 高い	ห้าสิบ 50		บาท バーツ	ได้ไหม できますか?	K

タクシーで よく見るタイ文字

แท็กซี่
タクシー

ว่าง
空車

ทางด่วน
高速道路

ตุ๊กตุ๊ก
トゥクトゥク

コラム

知って安心！ タクシーの乗り方

　バンコクでは屋根の上に「TAXI METER」と表示のあるランプが付いたメータータクシーが多く走っています。乗車の際は手を横に伸ばして呼び止めます。頭を神聖なものと考えるタイでは、手を頭上に上げることはあまりしません。

　タクシーが止まったら、助手席か後部座席のドアを開けて、運転手に目的地まで行けるかどうか交渉します。タイでは乗車拒否が日常茶飯事だからです。

　OKの場合、運転手は口で返事をせず、かすかにうなずくだけの場合が多いのでわかりにくいかもしれません。乗車したら料金メーターを始動させたか必ず確認してください。

　料金の支払いですが、一の位が6〜9バーツの時、乗客の多くは切り上げて支払います。例えば159バーツの場合は、160バーツを渡します。逆に一の位が1〜2バーツくらいの時は、運転手のほうでまけてくれることもあります。

第4章 シーン別会話集（タクシー）

scene 2 駅

駅の窓口で切符を予約する時の表現です。

CD 52

フアヒン行きの切符を買わせてください。

コー	スー	トゥア	パイ	フゥアヒン	K
khɔ̌ɔ	sɯ́ɯ	tǔa	pay	hǔahǐn	
ขอ	ซื้อ	ตั๋ว	ไป	หัวหิน	K
～させてください	買う	切符	行く	フアヒン	

何日ですか？

ワンティー	タウライ	K
wan thîi	thâwràay	
วันที่	เท่าไร	K
日	いくつ？	

8月10日です。

ワンティー	スィッ(プ)	スィンハーコム	K
wan thîi	sìp	sǐŋhǎakhom	
วันที่	10	สิงหาคม	K
日	10	8月	

エアコン車両ですか、扇風機車両ですか？

ロッ(ト) エー	ルー	ロッ(ト) パッ(ト)ロム	K
rót ʔɛɛ	rɯ̌ɯ	rót phátlom	
รถแอร์	หรือ	รถพัดลม	K
エアコン車両	それとも～か？	扇風機車両	

入れ替え表現 & 単語 CD 53

［〜月〜日です］

ワンティー　［日］［月]
wan thîi
วันที่

> ワンティーの後に日・月の順に並べます。

1日　1月（1月1日）
ヌン(グ)　モッ(ク)ガラー コム
nɯ̀ŋ　mókkaraa khom
1　มกราคม

15日　2月（2月15日）
スィッ(プ) ハー　グムパー パン
sìp　hâa　kumphaa phan
15　กุมภาพันธ์

30日　9月（9月30日）
サーム スィッ(プ)　ガンヤー ヨン
sǎam sìp　kanyaa yon
30　กันยายน

5日　12月（12月5日）
ハー　タンワー コム
hâa　thanwaa khom
5　ธันวาคม

［〜ですか、それとも〜ですか？］

〜　ルー　〜　K
　　rɯ̌ɯ
　　หรือ　K

> 2つのものを並べてどちらか尋ねる疑問表現です。

日本人 ／ 韓国人
コン イープン　コン ガウリー
khon yîipùn　khon kawlǐi
คนญี่ปุ่น　คนเกาหลี

ホットコーヒー ／ アイスコーヒー
ガーフェー ローン　ガーフェー イェン
kaafɛɛ rɔ́ɔn　kaafɛɛ yen
กาแฟร้อน　กาแฟเย็น

ダブルベッド ／ ツインベッド
ティアン(グ) ヤイ　ティアン(グ) クー
tiaŋ yày　tiaŋ khûu
เตียงใหญ่　เตียงคู่

行く ／ 行かない
パイ　マイ パイ
pay　mây pay
ไป　ไม่ไป

第4章　シーン別会話集（駅）

119

関連フレーズ CD 54

🔥 2等座席の切符を買わせてください。

コー	スー	トゥア	ティーナン(グ)	チャン ソーン(グ)	K
khǒɔ	sɯ́ɯ	tǔa	thîi nâŋ	chán sɔ̌ɔŋ	
ขอ	ซื้อ	ตั๋ว	ที่นั่ง	ชั้น 2	K
～させてください	買う	切符	座席	2等	

🔥 空席はありますか？

ミー	ティーナン(グ)	ワーン(グ)	マイ	K
mii	thîi nâŋ	wâaŋ	máy	
มี	ที่นั่ง	ว่าง	ไหม	K
ある	座席	空いている	ですか？	

🔥 満席です。

ティーナン(グ)	テム	K
thîi nâŋ	tem	
ที่นั่ง	เต็ม	K
座席	満ちた	

🔥 何時に出発しますか？

オー(ク)	ギー モーン(グ)	K
ʔɔ̀ɔk	kìi mooŋ	
ออก	กี่โมง	K
出る	何時	

🔥 何時に到着しますか？

トゥン(グ)	ギー モーン(グ)	K
thǔŋ	kìi mooŋ	
ถึง	กี่โมง	K
着く	何時	

駅で よく見るタイ文字

จำหน่ายตั๋ว
切符販売(所)

ชานชาลา
プラットホーム

สุขา
お手洗い

ยืนชิดขวา
右側にお立ちください
(エスカレーターの表示)

コラム

知っておきたい！ タイの交通手段あれこれ

　バンコクの高架鉄道や地下鉄には自動券売機や自動改札機が導入されています。最近、高架鉄道BTSの駅ではエスカレーターで右側立ち、左側歩きが浸透してきました。地下鉄ではエスカレーターで歩かないよう呼びかけをおこなっています。
　一方、国鉄は駅窓口で切符を購入し、車内で車掌が検札に来る昔ながらのシステム。主要路線には特急、快速などの列車種別の他、座席に等級があります。

　しかし、ただでさえ所要時間が長いうえ、定刻より大幅に遅れることも日常的な国鉄はあまり人気がありません。本数が多く速い長距離バスのほうがポピュラーです。また中距離では、「ロットゥー rót tûu รถตู้」と呼ばれる乗合バンがあり、きめ細かな路線網と希望の場所で下車できる利便性からバス路線を脅かすほどの人気となっています。ただしスピードの出しすぎでよく事故を起こすのが難点。いつも天に祈る気持ちで利用しています。

第4章 シーン別会話集（駅）

scene 3 寺院

寺院の拝観券売り場での会話です。

CD 55

券を大人2枚ください。

コー	トゥア	プーヤイ	ソーン(グ)	バイ	K
khɔ̌ɔ	tǔa	phûu yày	sɔ̌ɔŋ	bay	
ขอ	ตั๋ว	ผู้ใหญ่	2	ใบ	K
ください	切符	大人	2	[類]枚	

日本人ですよね?

コン イープン	チャイ マイ	K
khon yîipùn	chây máy	
คนญี่ปุ่น	ใช่ไหม	K
日本人	ですよね?	

そうです。

チャイ	K
chây	
ใช่	K
そう	

200バーツです。入口は左側にあります。

ソーン(グ) ローイ	バー(ト)	K	ターン(グ) カウ	ユー	ダーン サーイ	K
sɔ̌ɔŋ rɔ́ɔy	bàat		thaaŋ khâw	yùu	dâan sáay	
200	บาท	K	ทางเข้า	อยู่	ด้านซ้าย	K
200	バーツ		入口	ある	左側	

122

入れ替え表現 & 単語

[〜ですよね?]

〜 チャイ マイ K
　　chây máy
　　ใช่ไหม K

ここ	明日午前9時	50バーツ
ティーニー thîi níi ที่นี่	プルン(グ)ニー ガーウ モーン(グ) チャーウ phrûŋ ní kâaw mooŋ cháaw พรุ่งนี้ 9 โมงเช้า	ハー スィッ(プ) バー(ト) hâa sìp bàat 50 บาท

のどが渇いた	行きたい	恋人がいる
ヒウ ナーム hǐw náam หิวน้ำ	ヤー(ク) パイ yàak pay อยากไป	ミー フェーン mii fɛɛn มีแฟน

[〜にあります]

ユー 〜 K
yùu
อยู่ K

右側	こちら	あちら	内側
ダーン クワー dâan khwǎa ด้านขวา	ダーン ニー dâan níi ด้านนี้	ダーン ノーン dâan nóon ด้านโน้น	ダーン ナイ dâan nay ด้านใน

お寺の前	駐車場の裏
ナー ワッ(ト) nâa wát หน้าวัด	ラン(グ) ティー ジョー(ト) ロッ(ト) lǎŋ thîi cɔ̀ɔt rót หลังที่จอดรถ

第4章 シーン別会話集(寺院)

123

関連フレーズ

🔥 ここで靴をお脱ぎください。

ガルナー	トー(ト)	ローン(グ) ターウ	ティーニー	K
karunaa	thɔ̀ɔt	rɔɔŋ tháaw	thîi nîi	
กรุณา	ถอด	รองเท้า	ที่นี่	K
どうか～してください	脱ぐ	靴	ここで	

🔥 写真を撮っていただけませんか？

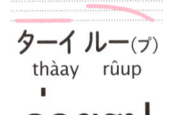

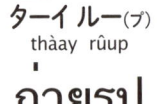

チュウアイ	ターイ ルー(プ)	ハイ	ノイ	ダイ マイ	K
chûay	thàay rûup	hây	nɔ̀y	dây máy	
ช่วย	ถ่ายรูป	ให้	หน่อย	ได้ไหม	K
～してください	写真を撮る	～してあげる・くれる	ちょっと	できますか？	

🔥 ここで写真を撮っていいですか？

ティーニー	ターイ ルー(プ)	ダイ マイ	K
thîi nîi	thàay rûup	dây máy	
ที่นี่	ถ่ายรูป	ได้ไหม	K
ここで	写真を撮る	できますか？	

🔥 どこで魚を放せばいいですか？

プロイ	プラー	ティーナイ	ディー	K
plɔ̀y	plaa	thîi nǎy	dii	
ปล่อย	ปลา	ที่ไหน	ดี	K
放す	魚	どこで？	いい	

> 寺院では、魚などを売っていることがあります。参拝者がそれを放流すると徳を積んだことになると考えられています（右ページコラム参照）。

🔥 占い師に見てもらいに行きたいです。

ヤー(ク)	パイ ハー	モー ドゥー	K
yàak	pay hǎa	mɔ̌ɔ duu	
อยาก	ไปหา	หมอดู	K
～したい	訪ねに行く	占い師	

124

寺院で よく見るタイ文字

ทางเข้า
入口

ทางออก
出口

อุโบสถ
本堂

พระเครื่อง
仏像をかたどったお守り

第4章 シーン別会話集（寺院）

コラム

見るだけじゃない！　寺院の楽しみ方

　大きな寺院の境内には、様々な屋台や、お守り、タイ・マッサージ、占いなどのブースが並んでいることがあります。ワット・ポーなどの寺院には英語を話せる占い師がいるところもあるので、試してみるのもおもしろそうです。タイでは生まれた曜日と時間を元に占う場合が多いので、事前に調べておくとよいでしょう。

　また曜日ごとに決まった仏像があり、それぞれ姿勢が異なっています。自分が生まれた曜日の仏像のお守りを借りる（お守りは「買う」ではなく「借りる」と言います）のもいいかもしれません。

　川や運河沿いの寺院では、小魚やカエル、カメ、スッポンなどをバケツに入れて売っている光景を目にします。タイではそれらを放流すると、功徳を積んだことになると考えられています。

　なお、拝観料が必要な寺院では、外国人料金はタイ人料金より割高な場合がほとんどです。ワット・プラケオ（エメラルド寺院）のように、タイ人は無料で外国人のみ有料のところもあります。

scene 4 ホテル❶（チェックインする）

ホテルにチェックインする時の表現です。

CD 58

予約しておきました、斉藤と申します。

ジョーン(グ)	ワイ	レーウ K	チュー	サイトー K
cɔɔŋ	wáy	lɛ́ɛw	chɯ̂ɯ	saytôo
จอง	ไว้	แล้ว K	ชื่อ	ไซโต้ K
予約する	〜しておく	もう〜した	名前	斉藤

パスポートを見せてください。

コー	ドゥー	パー(ト)サポー(ト) K
khɔ̌ɔ	duu	pháatsapɔ̀ɔt
ขอ	ดู	พาสปอร์ต K
〜させてください	見る	パスポート

こちらにサインもお願いします。

ガルナー	センチュー	ティーニー	ドゥウアイ K
karunaa	sen chɯ̂ɯ	thîi nîi	dûay
กรุณา	เซ็นชื่อ	ที่นี่	ด้วย K
どうか〜してください	サインする	ここに	も

こちらが、鍵と朝食のクーポンです。

ニー	グンジェー	ガッ(プ)	クーポーン(グ)	アーハーン チャーウ K
nîi	kuncɛɛ	kàp	khuupɔɔŋ	ʔaahǎan cháaw
นี่	กุญแจ	กับ	คูปอง	อาหารเช้า K
これ	鍵	と	クーポン	朝食

入れ替え表現 & 単語

CD 59

[〜しておく]

〜 ワイ K
  wáy
  ไว้ K

買う	鍵をかける	薬を飲む
スー súɯ ซื้อ	ロッ(ク) グンジェー lɔ́k kuncɛɛ ล็อกกุญแจ	ターン ヤー thaan yaa ทานยา

両替する	携帯電話の電池を充電する	名刺をもらう
レー(ク) ングン lɛ̂ɛk ŋən แลกเงิน	チャー(ト) ベッ(ト) ムートゥー cháat bèt mɯɯ thɯ̌ɯ ชาร์จแบตมือถือ	コー ナームバッ(ト) khɔ̌ɔ naambàt ขอนามบัตร

タイ語では薬は「飲む」ではなく、「食べる」という言い方をします。

[〜と〜]

〜 ガッ(プ) 〜
  kàp
  กับ

あなた／私(女性)	財布／カメラ	犬／猫
クン チャン khun chán คุณ ฉัน	グラパウ サターン(グ) グロン(グ) krapǎw sataaŋ klɔ̂ŋ กระเป๋าสตางค์ กล้อง	マー メーウ mǎa mɛɛw หมา แมว

海／山	帽子／サングラス	パン／牛乳
タレー プーカウ thalee phuukhǎw ทะเล ภูเขา	ムアッ(ク) ウェンダム mùak wên dam หมวก แว่นดำ	カノム パン(グ) ノム ソッ(ト) khanǒm paŋ nom sòt ขนมปัง นมสด

第4章 シーン別会話集(ホテル①)

関連フレーズ CD 60

ダブルベッド・ルームですか、ツインベッド・ルームですか?

ホン(グ)	ティアン(グ)	ヤイ		ルー		ホン(グ)	ティアン(グ)	クー	K
hôŋ	thiaŋ	yày		rǔɯ		hôŋ	thiaŋ	khûu	K
ห้อง	เตียง	ใหญ่		หรือ		ห้อง	เตียง	คู่	K
ダブルベッド・ルーム			それとも〜か?	ツインベッド・ルーム		

ツインベッド・ルームに変更していただけませんか?

コー	プリィアン	ペン	ホン(グ)	ティアン(グ)	クー	ダイ	マイ	K
khɔ̌ɔ	plìan	pen	hôŋ	thiaŋ	khûu	dây	máy	K
ขอ	เปลี่ยน	เป็น	ห้อง	เตียง	คู่	ได้ไหม		K
〜させてください	変える	〜に	ツインベッド・ルーム			できますか?	

セーフティボックスはありますか?

ミー	トゥー	セー(プ)	マイ	K
mii	tûu	séep	máy	K
มี	ตู้เซฟ		ไหม	K
ある	セーフティボックス		ですか?	

部屋は何階ですか?

ホン(グ)	パッ(ク)	ユー	チャン	ナイ	K
hôŋ	phák	yùu	chán	nǎy	K
ห้อง	พัก	อยู่	ชั้นไหน		K
部屋	宿泊する	ある	何階	

宿泊価格に朝食は含まれていますか?

ラーカー	ホン(グ)	パッ(ク)	ルウアム	アーハーン	チャーウ	ル	プラーウ	K
raakhaa	hôŋ	phák	ruam	ʔaahǎan	cháaw	rɯ́	plàaw	K
ราคา	ห้อง	พัก	รวม	อาหารเช้า		หรือเปล่า		K
値段	部屋	宿泊する	含む	朝食		ですか?	

ホテルで よく見るタイ文字①

โรงแรม
ホテル

ทางหนีไฟ
非常口

เปิด
開ける・オンにする

ปิด
閉める・オフにする

コラム

どんなホテル？　何をする？　ホテルいろいろ

　タイには世界的に有名な高級ホテルから、バックパッカーの集う聖地となっているカオサン通りのゲストハウス街まで、実に多種多様な宿があります。またロングステイヤーには、キッチン完備のサービスアパートも人気です。リピーターになると、現地の人向けのアパートをサービスアパートのように1日貸ししているところを探して宿泊している方もいます。

　ホテル予約サイトから予約できるレベルのホテルは、飛び込みで宿泊すると割高の場合がほとんどですので、事前に予約サイトから手配するのがおすすめです。

　ホテル利用は、何も宿泊だけではありません。宿泊客以外でも利用できるホテル内のレストラン、ビュッフェ、ルーフトップ・バー、ディスコ、スパなどもあります。感度の高い地元の若者に人気となっている、そんな施設を訪れてみるのも、旅の思い出に花を添えてくれることでしょう。

第4章　シーン別会話集（ホテル①）

scene 5

ホテル❷（トラブル〜お湯が出ない〜）

部屋のお湯が出ないと電話で告げる時の表現です。

CD 61

レセプション（受付）です。

リーセッ(プ)チャン	K
riisèpchân	
รีเซปชั่น	K
レセプション（受付）	

もしもし、901号室です。

ハーロー	ホン(グ)	ガーウ	スーン	ヌン(グ)	K
haalŏo	hôŋ	kâaw	sŭun	nùŋ	
ฮัลโหล	ห้อง	9	0	1	K
もしもし	部屋	9	0	1	

お湯が出ません。どうしたらいいですか？

ナムウン	マイ	ライ	K	タム	ヤン(グ)ンガイ	ディー	K
nám ʔùn	mây	lǎy		tham	yaŋŋay	dii	
น้ำอุ่น	ไม่	ไหล	K	ทำ	ยังไง	ดี	K
温水	〜ない	流れる		する	どのように	よい	

少々お待ちください。チェックして差しあげますね。

ロー	サッ(ク)クルー	K	チェッ(ク)	ハイ	ナ	K
rɔɔ	sàk khrûu		chék	hây	ná	
รอ	สักครู่	K	เช็ก	ให้	นะ	K
待つ	少しの間		チェックする	〜してあげる	ね	

入れ替え表現 & 単語

CD 62

「ギン kin กิน」は「ターン thaan ทาน」よりもくだけた表現で「食べる」と「食う」の中間ぐらいの言葉です。

[どう〜したらいいですか？]

〜 ヤン(グ)ンガイ ディー K
yaŋŋay dii K
ยังไงดี

買う	行く	食べる
スー sɯ́ɯ ซื้อ	パイ pay ไป	ギン kin กิน

尋ねる	話す	使う
ターム thǎam ถาม	プー(ト) phûut พูด	チャイ cháy ใช้

[〜してあげる]

〜 ハイ hây K
ให้ K

買う	かばんを持つ	訳す
スー sɯ́ɯ ซื้อ	トゥー グラパウ thɯ̌ɯ krapǎw ถือกระเป๋า	プレー plɛɛ แปล

起こす	連れて行く	値引きする
プルッ(ク) plùk ปลุก	パー パイ phaa pay พาไป	ロッ(ト) lót ลด

第4章 シーン別会話集（ホテル②）

関連フレーズ CD 63

🔥 部屋の中に鍵を忘れました。

ルーム lɯɯm	グンジェー kuncɛɛ	ワイ wáy	ナイ nay	ホン(グ) hɔ̂ŋ	K
ลืม	กุญแจ	ไว้	ใน	ห้อง	K
忘れる	鍵	〜しておく	の中に	部屋	

🔥 コップを割ってしまいました。

タム tham	ゲーウ kɛ̂ɛw	テー(ク) tɛ̀ɛk	パイ pay	K
ทำ	แก้ว	แตก	ไป	K
する	コップ	割れる	〜してしまう	

🔥 エアコンが作動しません。

エー ʔɛɛ	マイ mây	タム ンガーン thamŋaan	K
แอร์	ไม่	ทำงาน	K
エアコン	〜ない	作動する	

🔥 エアコンが涼しくありません。

エー ʔɛɛ	マイ mây	イェン yen	K
แอร์	ไม่	เย็น	K
エアコン	〜ない	涼しい	

🔥 インターネットをするにはどうしたらいいですか？

レン lên	イントゥネッ(ト) ʔintənèt	ヤン(グ)ンガイ yaŋŋay	ディー dii	K
เล่น	อินเตอร์เน็ต	ยังไง	ดี	K
する	インターネット	どのように	よい	

ホテルで よく見るタイ文字②

ผลัก
押す（ドアなど）

ดึง
引く（ドアなど）

ห้ามสูบบุหรี่
禁煙

ระวัง
注意！

コラム

ホテルで日本語は通じる？

　日本人宿泊客の多い規模の大きなホテルには、たいてい日本人ゲストリレーションか、日本語の話せるタイ人スタッフがいるものです。困ったことがあったら呼び出してもらうといいかもしれません。

　また、ホテルでのインターネット利用については、室内で無料 Wi-Fi が使えるところから、無料 Wi-Fi はロビーのみで部屋は有料の有線 LAN のみや、インターネット・サービス提供はまったくなく、スマートフォン用のプリペイド SIM カードを購入するしかないところまで、ホテルによって様々です。ホ

インターネットは使える？

テル予約の際、事前に確認しておいたほうがよいでしょう。

　カフェやファストフード店の一部には、利用者に無料 Wi-Fi サービスを提供しているところもあります。ひと休みする際にそういう店を選ぶのも一つの手です。現地カフェ・チェーンの「Coffee World」（オススメ）や「true coffee」（ログイン方法が少し面倒）、マクドナルドの一部店舗（レシートにパスワード記載あり）などで利用可能です。お店の人に Wi-Fi が使えるかどうか尋ねてみてください。

第4章 シーン別会話集（ホテル②）

133

scene 6 ホテル❸（チェックアウトする）

チェックアウト時のフロントでの会話表現です。

CD 64

チェックアウトします。

チェッ(ク)アウ	K
chék ʔáw	
เช็คเอาท์	K
チェックアウトする	

冷蔵庫の中の飲み物を飲みましたか？

ドゥーム	クルゥアン(ク)ドゥーム	ナイ	トゥーイェン	パイ	ル プラーウ	K
dùum	khrŭaŋ dùɯm	nay	tûu yen	pay	rɯ́ plàaw	
ดื่ม	เครื่องดื่ม	ใน	ตู้เย็น	ไป	หรือเปล่า	K
飲む	飲み物	〜の中	冷蔵庫	〜した	ですか？	

飲んでいません。

マイダイ	ドゥーム	K
mây dây	dùɯm	
ไม่ได้	ดื่ม	K
〜していない	飲む	

タクシーを呼んでください。

チュアイ	リィアッ(ク)	テッ(ク)スィー	ドゥアイ	K
chûay	rîak	théksîi	dûay	
ช่วย	เรียก	แท็กซี่	ด้วย	K
〜してください	呼ぶ	タクシー	も	

入れ替え表現 & 単語

[〜していません（未達成）]

マイ ダイ　　　　K
mây dây　〜
ไม่ได้　　　　　K

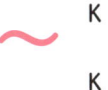

> 現在進行の否定ではありません。

食べる	寝る	電話をする
ギン kin กิน	ノーン nɔɔn นอน	トー thoo โทร

予約する	お土産を買う	忘れる
ジョーン(グ) cɔɔŋ จอง	スー　コーン(グ)　ファー(ク) súɯ　khɔ̌ɔŋ　fàak ซื้อของฝาก	ルーム lɯɯm ลืม

[〜してください]

チュアイ　　　　　ドゥアイ　K
chûay　　〜　　　dûay
ช่วย　　　　　　　ด้วย　　　K

> 今していることに加えて「〜もしてください」という意味合いの表現です。

掃除する	ここで待つ	殺虫剤をまく
タム　クワーム　サアー(ト) tham　khwaam　saʔàat ทำความสะอาด	ロー　ティーニー rɔɔ　thîi nîi รอที่นี่	チー(ト)　ヤー　カー　マレーン(グ) chìit　yaa　khâa　malɛɛŋ ฉีดยาฆ่าแมลง

両替する	果物の皮をむく	洗濯する
レー(ク)　ングン lɛ̂ɛk　ŋən แลกเงิน	ポー(ク)　プルゥアッ(ク)　ポンラマーイ pɔ̀ɔk　plùak　phǒnlamáay ปอกเปลือกผลไม้	サッ(ク)　パー sák　phâa ซักผ้า

第4章　シーン別会話集（ホテル③）

135

関連フレーズ CD 66

🔥 冷蔵庫の中の水を(ボトル)1本飲みました。

ドゥーム dùɯm	ナーム náam	ナイ nay	トゥーイェン tûu yen	パイ pay	ヌン(グ) nùŋ	クゥアツ(ト) khùat	K
ดื่ม	น้ำ	ใน	ตู้เย็น	ไป	1	ขวด	K
飲む	水	〜の中	冷蔵庫	〜した	1	[類]本	

🔥 クレジットカードを使えますか?

チャイ cháy	バツ(ト) bàt	クレーディツ(ト) khreedìt	ダイ dây	マイ máy	K
ใช้	บัตรเครดิต		ได้	ไหม	K
使う	クレジットカード			できますか?	

🔥 何時までにチェックアウトしなければなりませんか?

トン(グ) tɔ̂ŋ	チェツ(ク) chék	アウ ʔaw	ゴーン kɔ̀ɔn	ギー kìi	モーン(グ) mooŋ	K
ต้อง	เช็คเอาท์		ก่อน	กี่	โมง	K
〜しなければならない	チェックアウトする		〜の前に	何時		

🔥 かばんを午後5時まで預けさせていただけませんか?

コー khɔ̌ɔ	ファー(ク) fàak	グラパウ krapǎw	ワイ wáy	トゥン(グ) thɯ̌ŋ	ハーモーン(グ) hâa mooŋ	イェン yen	ダイ dây	マイ máy	K
ขอ	ฝาก	กระเป๋า	ไว้	ถึง	5 โมงเย็น		ได้	ไหม	K
〜させてください	預ける	かばん	〜しておく	まで	午後5時			できますか?	

🔥 この辺りにおすすめのタイ・レストランはありますか?

テウ thěw	ニー níi	ミー mii	ラーン ráan	アーハーン ʔaahǎan	タイ thay	ネナム nénam	マイ máy	K
แถวนี้		มี	ร้านอาหารไทย			แนะนำ	ไหม	K
この辺り		する	タイ・レストラン			勧める・紹介する	ですか?	

ホテルで よく見るタイ文字③

สนามบิน
空港

สุวรรณภูมิ
スワンナプーム（空港名）

ดอนเมือง
ドンムアン（空港名）

กรุงเทพฯ
バンコク（グルンテープ）

コラム

なるほど！　地名、人名の豆知識

　タイ入出国にスワンナプーム空港を利用される方の中には、航空券にある「SUVARNABHUMI」とのローマ字表記を見て疑問に思った方もいらっしゃることと思います。

　タイ語には、上座部仏教の経典記述に用いられたインドのパーリ語からの借用語が多数入っていて、地名や人名にも広く浸透しています。そのため地名・人名のローマ字表記には、タイ語の音ではなく、パーリ語の音に即した表記法が採用されているのです。

　バンコクにマハーラートという地名がありますが、このローマ字表記法では「MAHARAJ」と綴り、元のパーリ語がマハラジャであることがわかります。

　元来は、仏教や歴史の学術面でタイ文字を読めない西洋人研究者の便宜を図るために導入された表記法ですが、現代では逆に外国人泣かせとなってしまっている気がしないでもありません。

scene 7 レストラン ① (注文する)

レストランでの入店から注文までの表現です。

CD 67

こんにちは。何名様ですか？

サワッ(ト) ディー K	ギー タン K
sawàt dii	kìi thân
สวัสดี K	กี่ ท่าน K
こんにちは	何〜 [類]名様

2人です。

ソーン(グ) コン K
sɔ̌ɔŋ khon
2 คน K
2 [類]人

これをください。

コー アン ニー K
khɔ̌ɔ ʔan níi
ขอ อัน นี้ K
ください [類]個 この

それから、これもください。

レーウ ゴー コー アン ニー ドゥアイ K
lɛ́ɛw kɔ̂ɔ khɔ̌ɔ ʔan níi dûay
แล้วก็ ขอ อัน นี้ ด้วย K
それから ください [類]個 この も

入れ替え表現 & 単語

[何〜ですか？]

ギー
kìi
กี่

〜 K
K

> 数を尋ねる疑問表現です。

杯(コップ・グラスの飲み物)	杯(カップの飲み物)	本(瓶・ペットボトル)
ゲーウ kɛ̂ɛw แก้ว	トゥアイ thûay ถ้วย	クゥアッ(ト) khùat ขวด

時間(60分)	日(日数)	回
チュアモーン(グ) chûamooŋ ชั่วโมง	ワン wan วัน	クラン(グ) khráŋ ครั้ง

[〜をください]

コー
khɔ̌ɔ
ขอ

〜 K
K

アイス・ラテ	水	電話番号
ラーテー イェン laatêe yen ลาเต้เย็น	ナム プラーウ nám plàaw น้ำเปล่า	ブー トーラサッ(プ) bəə thoorasàp เบอร์โทรศัพท์

パッタイ(タイ風焼きそば)	箸	領収書
パッ(ト) タイ phàt thay ผัดไทย	タギアッ(プ) takìap ตะเกียบ	バイ セッ(ト) bay sèt ใบเสร็จ

第4章 シーン別会話集(レストラン①)

139

関連フレーズ

こちらでお召し上がりですか、それともお持ち帰りですか?

ターン thaan	ティー ニー thîi nîi	ルー rɯ̌ɯ	グラッ(ブ) klàp	バーン bâan	K
ทาน	ที่นี่	หรือ	กลับ	บ้าน	K
食べる	ここで	それとも~か?	帰る	家	

お飲み物は何がよろしいですか?

ラッ(ブ) ráp	クルゥアン(グ) ドゥーム khrɯ̂aŋ dɯ̀ɯm	アライ ʔaray	ディー dii	K
รับ	เครื่องดื่ม	อะไร	ดี	K
召し上がる	飲み物	何	いい	

おすすめの料理はありますか?

ミー mii	メーヌー meenuu	ネ ナム né nam	マイ máy	K
มี	เมนู	แนะนำ	ไหม	K
ある	メニュー(料理の品)	勧める・紹介する	ですか?	

これだけです。

ケー khɛ̂ɛ	ニー níi	K
แค่	นี้	K
~だけ	これ	

注文をし終えたという意思表示に使います。

小分け用のお茶碗を2つください。

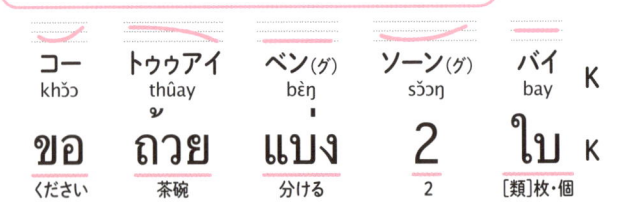

コー khɔ̌ɔ	トゥアイ thûay	ベン(グ) bɛ̀ŋ	ソーン(グ) sɔ̌ɔŋ	バイ bay	K
ขอ	ถ้วย	แบ่ง	2	ใบ	K
ください	茶碗	分ける	2	[類]枚・個	

レストランで よく見るタイ文字①

ยินดีต้อนรับ
いらっしゃいませ

ร้านอาหาร
レストラン・食堂

บุฟเฟ่ต์
ビュッフェ（バイキング）

ชุด
セット

コラム

知っておきたい！　レストラン入店時やタバコのマナー

　一般的にレストランでは、入店時に何名かを尋ねられてから席へ案内されます。注文を取りに来た際には、まず飲み物を聞かれます。その後、料理の注文に入るという流れです。食堂や屋台では、料理の注文後に飲み物を聞きに来ることもあります。

　喫煙については、タイの法律はとても厳格で、公共の建物内・交通機関内では、原則どこも禁煙です。レストランやショッピングセンターなども同様です。喫煙者は、屋外設置の喫煙コーナーでしか吸うことができません。外国人観光客の利用する一部の施設では黙認しているところもあるようですが、本来は違法で罰金 2,000 バーツとなるのでご注意ください。

　ただし、例外的に建物内で喫煙できる場所があります。国際空港内の喫煙コーナーとホテルやコンドミニアムの自室内（喫煙を許可されている場合）です。

　一般のタイ人女性はタバコをほとんど吸いません。まれに欧米への留学経験のある女性が吸っているのを見かける程度です。

scene 8 レストラン❷ （お会計する）

レストランでの
お会計時の表現です。

CD 70

お水を補充させてください。

コー	トゥーム	ナーム	K
khɔ̌ɔ	təəm	náam	K
ขอ	เติม	น้ำ	K
～させてください	補充する	水	

お会計をお願いします。

チェッ(ク) ビン	ドゥアイ	K
chék bin	dûay	K
เช็กบิล	ด้วย	K
お会計する	も	

会員カードはお持ちですか？

ミー	バッ(ト)	サマーチッ(ク)	マイ	K
mii	bàt	samaachík	máy	K
มี	บัตรสมาชิก	ไหม	K
ある	会員カード	ですか？	

ありません。

マイ	ミー	K
mây	mii	K
ไม่	มี	K
～ない	ある	

入れ替え表現 & 単語 CD 71

[～させてください]

コー khɔ̌ɔ ～ K
ขอ K

追加注文する	テーブルを移る	おごる
サン(グ) プーム sàŋ phə̂əm	ヤーイ トー yáay tó	リアン(グ) líaŋ
สั่งเพิ่ม	ย้ายโต๊ะ	เลี้ยง

座る	Wi-Fiを使う	先に帰る
ナン(グ) nâŋ	チャイ ワイファイ cháy wayfay	グラッ(プ) ゴーン klàp kɔ̀ɔn
นั่ง	ใช้ไวไฟ	กลับก่อน

[～を持っていますか？]

ミー mii ～ マイ máy K
มี ไหม K

小額紙幣(20〜100バーツ)	硬貨	ティッシュ
ベン(ク) ヨイ béŋ yɔ̂y	リィアン rǐan	ティッチュー thítchûu
แบงค์ย่อย	เหรียญ	ทิชชู่

ペン	傘	長袖の服
パー(ク)ガー pàakkaa	ロム rôm	スゥア ケーン ヤーウ sûa khɛ̌ɛn yaaw
ปากกา	ร่ม	เสื้อแขนยาว

第4章 シーン別会話集（レストラン②）

関連フレーズ CD 72

🔥 辛くなく作ることはできますか？

タム tham	マイ mây	ペッ(ト) phèt	ダイ dây	マイ máy	K
ทำ	ไม่	เผ็ด	ได้ไหม		K
作る	〜ない	辛い	できますか？		

🔥 これは注文していません。

アン ʔan	ニー níi	マイ ダイ mây dây	サン(グ) sàŋ	K
อัน	นี้	ไม่ได้	สั่ง	K
[類]個	この	〜していない	注文する	

🔥 空芯菜炒めを注文しましたが、まだ来ていません。

サン(グ) sàŋ	パッ(ク) phàk	ブン(グ) bûŋ	ファイ デーン(グ) fay dɛɛŋ	レーウ lɛ́ɛw	ヤン(グ) yaŋ	マイ mây	ダイ dây	K
สั่ง	ผักบุ้งไฟแดง			แล้ว	ยัง	ไม่	ได้	K
注文する	空芯菜炒め			もう〜した	まだ	〜ない	得る	

🔥 お会計をお願いします。

キッ(ト) khít	ングン ŋən	ドゥウアイ dûay	K
คิด	เงิน	ด้วย	K
考える・計算する	お金	(も)	

オールマイティに使えます。

🔥 お会計をお願いします。

ゲッ(プ) kèp	タン(グ) taŋ	ドゥウアイ dûay	K
เก็บ	ตังค์	ด้วย	K
集める	お金(口語)	(も)	

屋台・食堂などで使います。

レストランで よく見るタイ文字②

ใบเสร็จ
領収書

สลิป
レシート

เงินทอน
おつり

ภาษีมูลค่าเพิ่ม
付加価値税（VAT）

コラム

レストランでのお会計のフレーズ

「お会計をお願いします」の表現を3種類挙げましたが、ニュアンスがそれぞれ違います。
「チェッ(ク)ビン ドゥウアイ chék bin dûay เช็กบิลด้วย」は、領収書のチェックをしてくださいという意味なので、レシートが発行される立派なレストランで使います。
「ゲッ(プ)タン(ク) ドゥウアイ kèp taŋ dûay เก็บตังค์ด้วย」は、口語表現で、集金してくださいの意味。ですから屋台や町中の食堂で使います。

「キッ(ト) ングン ドゥウアイ khít ŋən dûay คิดเงินด้วย」は、お金を計算してくださいの意味で、レストランから屋台までオールマイティに使える表現です。

多くのお店では、店員を呼び着席したままでお会計を済ませます。チェーンのレストランだと最初に、会員カードを持っているかを早口で尋ねられることでしょう。「サマーチッ(ク) samaachík สมาชิก」（会員）というフレーズが聞こえたら、そうだと判断できます。

第4章 シーン別会話集（レストラン②）

145

scene 9 ショッピング❶（買う）

お店で服を買う時の表現です。

CD 73

この服はいくらですか？

スウア	トゥア	ニー	タウライ	K
sûa	tua	níi	thâwrày	
เสื้อ	ตัว	นี้	เท่าไร	K
服	[類]着・枚	この	いくら?	

299バーツです。

ソーン(グ)	ガウ	ガーウ	K
sɔ̌ɔŋ	kâw	kâaw	
2	9	9	K
2	9	9	

2枚で500バーツです。

ソーン(グ)	トゥア	ハー	ローイ	バー(ト)	K
sɔ̌ɔŋ	tua	hâa	rɔ́ɔy	bàat	
2	ตัว	500	บาท	K
2	[類]着・枚	500	バーツ	

じゃあ、2枚ください。

ンガン	アウ	ソーン(グ)	トゥア	K
ŋán	ʔaw	sɔ̌ɔŋ	tua	
งั้น	เอา	2	ตัว	K
じゃあ	いる	2	[類]着・枚	

入れ替え表現 & 単語 CD 74

[〜はいくらですか?]

〜 タウライ thâwrày K
　　 เท่าไร K

> 「クー khûu คู่」は2つで対になっている物の類別詞です。「アン ʔan อัน」は形が決まっていない物、類別詞がわからない物に使う類別詞です。

ホット・アメリカンコーヒー
アメーリガーノー ローン
ʔameerikaanôo rɔ́ɔn
อเมริกาโน่ร้อน

この靴
ローン(グ)ターウ クー ニー
rɔɔŋ tháaw khûu níi
รองเท้าคู่นี้

これ
アン ニー
ʔan níi
อันนี้

ゾウ乗り(エレファント・ライディング)
キー チャーン(グ)
khìi cháaŋ
ขี่ช้าง

車のチャーター
マウ ロッ(ト)
mǎw rót
เหมารถ

入場料
カー パーン プラトゥー
khâa phàan pratuu
ค่าผ่านประตู

[〜をください]

アウ 〜 K
ʔaw
เอา K

> 「アウ ʔaw เอา」は「〜がいる」の意味ですが、会話では「〜をください」の意味でも使います。ただしp.138の「コー khɔ̌ɔ ขอ」のほうが丁寧です。

アイス・グリーンティー
チャー キィアウ イェン
chaa khǐaw yen
ชาเขียวเย็น

ガパオライス(ひき肉のバジル炒めご飯)
カーウ パッ(ト) ガプラウ
khâaw phàt kaphraw
ข้าวผัดกะเพรา

これ
アン ニー
ʔan níi
อันนี้

ばんそうこう
プラーストゥー
phláastəə
พลาสเตอร์

頭痛薬
ヤー ゲー プアッ(ト) フゥア
yaa kɛ̂ɛ pùat hǔa
ยาแก้ปวดหัว

ざくろジュース
ナム タッ(プ)ティム
nám tháp thim
น้ำทับทิม

第4章 シーン別会話集(ショッピング①)

147

関連フレーズ CD 75

🔥 いらっしゃいませ。どうぞ。

サワッ(ト) ディー K　　チューン K
sawàt　dii　　　　　　chəən

สวัสดี K　　　　　　　เชิญ K
こんにちは　　　　　　どうぞ

🔥 電子レンジで温めますか？

ウェー(プ)　　マイ K
wéep　　　　máy

เวฟ　　　　ไหม K
電子レンジで温める(口語)　ですか？

🔥 ストローをください。

コー　　　ロー(ト)　　ドゥアイ K
khɔ̌ɔ　　　lɔ̀ɔt　　　　dûay

ขอ　　　หลอด　　ด้วย K
ください　ストロー　（も）

🔥 中華まんを追加でいかがですか？

ラッ(プ)　サーラーパウ　プーム　　マイ K
ráp　　　saalaapaw　　phə̂əm　máy

รับ　　　ซาลาเปา　　　เพิ่ม　　ไหม K
召し上がる　中華まん　　増やす　ですか？

🔥 またお越しくださいませ。

オーガー(ト)　ナー　チューン　マイ K
ʔookàat　　　nâa　chəən　　máy

โอกาส　　หน้า　เชิญ　　ใหม่ K
機会　　　次の　どうぞ　改めて

ショッピングで よく見るタイ文字① 店の看板

ยา
薬（局）

ทำเล็บ
ネイル（ショップ）

ซัก อบ รีด
クリーニング（店）

คาราโอเกะ
カラオケ（店）

第4章 シーン別会話集（ショッピング①）

コラム

話したい！　聞き取りたい！　ショッピングでの会話

　タイ語は、会話の前後関係から内容がわかる時には、単語や発音を省略することの多い言語です。p.146の会話文のように店員が299バーツを「ソーン⑼ ガウ ガーウ sɔ̌ɔŋ kâw kâaw (299)」とだけ言うのを耳にすることがあるでしょう。このように「バーツ」もよく省かれます。ちなみに、日本では安売りと言えば○,980円が定番ですが、タイでは○99バーツが主流です。左ページにコンビニでよく耳にする・使うフレーズを挙げておきました。コンビニでもレストランでも、店員が話す決まり文句は早口で聞き取りがなかなか困難です。これらの例を参考にしてみてください。

　買い物時はうまく話せなくても大丈夫ですので、ぜひタイ語で店員と話してみましょう。とくに外国人客が多い店やホテルでは、タイ語を話した途端に相手がぱっと笑顔になることがよくあります。一気にいろいろと話しかけてくるかもしれませんが、「タイ語を少し話せます。プー⑴パーサー タイ ダーイ ニッ⑴ ノイ phûut phaasǎa thay dâay nít nɔ̀y พูดภาษาไทยได้นิดหน่อย」と返せば大丈夫。そうやって打ち解けられたら、値引きも弾んでくれるかもしれません。

scene 10 ショッピング❷（サイズを尋ねる）

お店で服のサイズについて尋ねる表現です。

CD 76

試着できますか？

ローン（グ）	サイ	ダイ	マイ	K
lɔɔŋ	sày	dây	máy	
ลอง	ใส่	ได้	ไหม	K
試しに〜する	着る	できますか？		

できます。こちらでどうぞ。

ダーイ	K	チューン	ダーン	ニー	K
dâay		chəən	dâan	níi	
ได้	K	เชิญ	ด้านนี้		K
できる		どうぞ	こちらで		

これより大きいのはありますか？

ヤイ	グワー	ニー	ミー	マイ	K
yày	kwàa	níi	mii	máy	
ใหญ่	กว่า	นี้	มี	ไหม	K
大きい	〜より	この	ある	ですか？	

こちらになります。

ニー	K
níi	
นี้	K
これ	

入れ替え表現 & 単語

[試しに〜することはできますか?]

ローン(グ) 〜 ダイ マイ K
loɔŋ　　　dây máy K
ลอง　　　ได้ไหม

味見する	トゥクトゥクに乗る	使う
チム chim ชิม	ナン(グ) トゥッ(ク) トゥッ(ク) nâŋ túk túk นั่งตุ๊กตุ๊ก	チャイ cháy ใช้

自分でする	ダイビング(シュノーケリング)する	探す
タム エーン(グ) tham ʔeeŋ ทำเอง	ダム ナーム dam náam ดำน้ำ	ハー hăa หา

[これより〜のはありますか?]

〜 グワー ニー ミー マイ K
　　kwàa níi mii máy K
　　กว่านี้มีไหม

小さい	安い	色が濃い
レッ(ク) lék เล็ก	トゥー(ク) thùuk ถูก	スィー ケム sĭi khêm สีเข้ม

短い	(寸法が)長い	色が淡い
サン sân สั้น	ヤーウ yaaw ยาว	スィー オーン sĭi ʔɔ̀ɔn สีอ่อน

第4章 シーン別会話集(ショッピング②)

関連フレーズ CD 78

ご試着いただけます。

ローン(グ)	サイ	ダーイ	K
lɔɔŋ	sày	dâay	
ลอง	ใส่	ได้	K
試しに〜する	着る	できる	

他の色はありますか？

ミー	スィー	ウーン	マイ	K
mii	sǐi	ʔùun	máy	
มี	สี	อื่น	ไหม	K
ある	色	他の	ですか？	

売り切れです。

(カーイ)	モッ(ト)	レーウ	K
(khǎay)	mòt	lɛ́ɛw	
(ขาย)	หมด	แล้ว	K
売る	尽きる	もう〜した	

ちょっと考えさせてください。
（買うのをやめる時）

コー	キッ(ト)	ゴーン	K
khɔ̌ɔ	khít	kɔ̀ɔn	
ขอ	คิด	ก่อน	K
〜させてください	考える	先に	

いりません。

マイ	アウ	K
mây	ʔaw	
ไม่	เอา	K
〜ない	いる	

152

ショッピングで よく見るタイ文字② ショッピングセンター内

ประชาสัมพันธ์
総合案内所

ลิฟต์
エレベーター

ขึ้น
上がる・(車に)乗りこむ

ลง
下がる・(車から)降りる

コラム

"OTOP"で、タイの地方を身近に感じよう！

　ショッピングの際に「OTOP」という表示を見かけることがあるかもしれません。One Tambon One Product（一村一品）の略で、その名のとおり、日本の大分県の一村一品運動をモデルとしてタイ全国に導入された、タンボン（町と村の中間的な自治体）ごとに少なくとも1つの特産品を生み出そうという運動です。
　伝統的な布・籐製品やタイ・スイーツから、そうした伝統をベースに考案された新商品まで、OTOPのお陰で特色ある様々な地方産品を手にすることができるようになりました。
　その中でも「サムンプライ samǔnphray สมุนไพร」と呼ばれるタイ・ハーブを使った製品が人気上昇中です。マンゴスチンせっけんがかつてブームになりましたが、ココナッツやレモングラス、ウコン、バタフライピーなどを原材料にしたせっけんやシャンプー、クリーム、アロマオイルなども、OTOP商品ではお馴染みとなっています。

scene 11 ショッピング❸（値切る）

お店で値段交渉をする場面での表現です。

CD 79

高すぎます。まけていただけませんか？

ペーン(グ)	パイ	ロッ(ト)	ダイ マイ	K
phɛɛŋ	pay	lót	dây máy	
แพง	ไป	ลด	ได้ไหม	K
(値段が)高い	〜すぎる	まける	できますか？	

600バーツです。

ホッ(ク)	ローイ	バー(ト)	K
hòk	rɔ́ɔy	bàat	
600		บาท	K
600		バーツ	

もっとまけていただけませんか？

ロッ(ト)	イー(ク)	ダイ マイ	K
lót	ʔìik	dây máy	
ลด	อีก	ได้ไหม	K
まける	もっと	できますか？	

できません。もう最安です。

マイ	ダーイ	トゥー(ク)	ティースッ(ト)	レーウ	K
mây	dâay	thùuk	thîi sùt	lɛ́ɛw	
ไม่	ได้	ถูก	ที่สุด	แล้ว	K
〜ない	できる	安い	一番・もっとも	もう	

入れ替え表現 & 単語

CD 80

[〜すぎます]

〜 パイ K
pay
ไป K

辛い	甘い	(速度が)遅い
ペッ(ト) phèt เผ็ด	ワーン wǎan หวาน	チャー cháa ช้า

暑い・熱い	寒い	速い
ローン rɔ́ɔn ร้อน	ナーウ nǎaw หนาว	レウ rew เร็ว

[一番〜です]

〜 ティー スッ(ト) K
thîi sùt
ที่สุด K

美しい	(値段が)高い	親切な
スゥアイ sǔay สวย	ペーン(グ) phɛɛŋ แพง	ジャイ ディー cay dii ใจดี

よい	よくない	疲れた
ディー dii ดี	マイ ディー mây dii ไม่ดี	ヌゥアイ nùay เหนื่อย

第4章 シーン別会話集(ショッピング③)

155

関連フレーズ CD 81

🔥 どんな色がありますか?
（色を列挙してもらいたい時）

ミー	スィー	アライ	バーン(グ)	K
mii	sĭi	ʔaray	bâaŋ	
มี	สี	อะไร	บ้าง	K
ある	色	何?	（複数の答えを求める表現）	

🔥 20%引きです。

ロツ(ト)	イースィツ(プ)	プーセン	K
lót	yîi sìp	pəəsen	
ลด	20	เปอร์เซ็นต์	K
下げる	20	パーセント	

🔥 特別に値引きします。

ロツ(ト)	ハイ	ピセー(ト)	K
lót	hây	phísèet	
ลด	ให้	พิเศษ	K
下げる	～してあげる	特別に	

🔥 2つご購入で1つおまけします。

スー	ソーン(グ)	テーム	ヌン(グ)	K
sɯ́ɯ	sɔ̌ɔŋ	thěɛm	nɯ̀ŋ	
ซื้อ	2	แถม	1	K
買う	2	おまけを付ける	1	

🔥 袋に入れていただけませんか?

サイ	トゥン(グ)	ダイ	マイ	K
sày	thǔŋ	dây	máy	
ใส่	ถุง	ได้ไหม		K
入れる	袋	できますか?		

ショッピングで よく見るタイ文字③

ลด
値引き(する)

พิเศษ
特別(な)

วันหมดอายุ
賞味期限日

ที่จอดรถ
駐車場

コラム

ショッピング天国、バンコクのおすすめスポット

　バンコクはまさにショッピング天国。豪華なショッピングセンターも楽しいですが、安い掘り出し物に出会える場所として人気なのは、プラチナム ファッションモール（Platinum Fashion Mall）。洋服からアクセサリー小物まで、ビル全体にファッション関連の小さなお店がびっしり並んでいます。道路を挟んだ向かいのプラトゥーナム市場も、路地沿いに同様の光景が広がっています。
　チャトゥチャクのウィークエンド・マーケットは、広大な敷地内にありとあらゆる商品を扱う店が無数に並んでいて飽きませんが、午後は熱中症に気を付けてください。同マーケット南端の道路向かいにあるオートーコー市場は、農業・協同組合省傘下の公社による運営で、市中よりも質の高いフルーツをはじめとした生鮮食品をその場で購入して味見できます。
　中華街ヤワラートの問屋街サンペン市場（アクセサリー小物・パーツ類）と、西側に続くパフラット市場（布地）も安さで人気です。

scene 12 マッサージ店

マッサージ店で使う表現です。

CD 82

1時間につきいくらですか？

チュアモーン(グ)	ラ	タウライ K
chûamooŋ	lá	thâwrày K
ชั่วโมง	ละ	เท่าไร K
[類]時間	1〜につき	いくら？

1時間につき250バーツです。

チュアモーン(グ)	ラ	ソーン(グ)	ローイ	ハースィッ(プ)	バー(ト) K
chûamooŋ	lá	sɔ̌ɔŋ	rɔ́ɔy	hâa sìp	bàat
ชั่วโมง	ละ	250			บาท K
[類]時間	1〜につき	250			バーツ

ちょっと強くマッサージしてください。

ヌアッ(ト)	レーン(グ) レーン(グ)	ノイ K
nûat	rɛɛŋ rɛɛŋ	nɔ̀y
นวด	แรงๆ	หน่อย K
マッサージする	強く	ちょっと

ちょうどいいです。気持ちいいです。

ガムラン(グ)	ポー ディー K	サバーイ ディー K
kamlaŋ	phɔɔ dii	sabaay dii
กำลัง	พอดี K	สบายดี K
真っ盛り・たけなわだ	ちょうどよい	気持ちいい

入れ替え表現 & 単語 CD 83

[1 〜 につきいくらですか？]

〜 ラ タウライ K
　 lá thâwrày K
　 ละ เท่าไร

[類]人	[類]皿	[類]キログラム
コン	ジャーン	ギロー
khon	caan	kiloo
คน	จาน	กิโล

[類]瓶	[類]回	[類]日
クゥアッ(ト)	クラン(グ)	ワン
khùat	khráŋ	wan
ขวด	ครั้ง	วัน

[ちょっと〜マッサージしてください]

ヌゥアッ(ト) 〜 ノイ K
nûat　　　　nɔ̀y K
นวด　　　　หน่อย

弱く	肩を	脚を
バウ バウ	ライ	カー
baw baw	lày	khăa
เบา ๆ	ไหล่	ขา

背中を	ここを	足を
ラン(グ)	トゥロン(グ) ニー	ターウ
lăŋ	troŋ níi	tháaw
หลัง	ตรงนี้	เท้า

第4章 シーン別会話集（マッサージ店）

関連フレーズ

寝てください。

ノーン K
nɔɔn

นอน K
寝る

仰向けに寝てください。

ノーン ンガーイ K
nɔɔn ŋǎay

นอน หงาย K
寝る 仰向けになる

うつ伏せに寝てください。

ノーン クワム K
nɔɔn khwâm

นอน คว่ำ K
寝る ひっくり返る

横向きに寝てください。

ノーン タケーン(グ) K
nɔɔn takhɛɛŋ

นอน ตะแคง K
寝る 傾く

硬くならないでください。
（力を抜いてください）

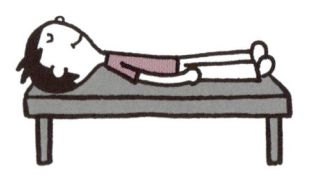

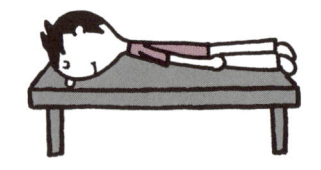

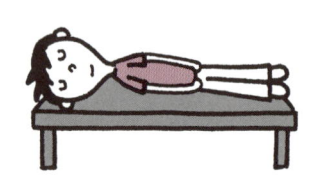

ヤー グレン(グ) K
yàa krɛŋ

อย่า เกร็ง K
〜しないでください 硬い

マッサージ店で よく見るタイ文字

นวด
マッサージ（する）

นวดแผนไทย
タイ式マッサージ

นวดแผนโบราณ
古式マッサージ

นวดเท้า
フットマッサージ

コラム

上手なマッサージ店に巡り会うには…

　タイ式マッサージ店は、外国人観光客の多い場所では必ずと言ってよいほど見かけますが、店によって、またマッサージ師によって技術には差があるものです。技術の高さを望むのであれば、利用前に評判を調べておきましょう。

　しかし、歩き疲れた時に休憩がてら、近くの店で気軽にマッサージを受けるのもよい気分転換になるでしょう。

　タイ人の中間層以上向けに、バンコクを中心に駐車場付きで質の高い施術を提供しているチェーンのマッサージ店もあります。そういうところは英語も通じる場合が多く、安心かもしれません。定評のあるチェーンには、「Health Land」などがあります。

　全身マッサージの他に、たいていの店ではフットマッサージも選べます。また、希望部位のみのマッサージやオイルマッサージのある店もあります。着替えるのが面倒だったり、時間がなかったりする場合は、フットマッサージを1時間だけ受けるのもおすすめです。

scene 13 エステ

エステを受けるときに使う表現です。

CD 85

フェイシャルトリートメントをお願いします。

ヤー(ク)	タム	トゥリー(ト)メン	ナー	K
yàak	tham	thríitmén	nâa	K
อยาก	ทำ	ทรีทเมนต์หน้า		K
〜したい	する	フェイシャルトリートメント		

恐れ入りますが、まず服をお着替えください。

ガルナー	プリィアン	スゥア パー	ゴーン	K
karunaa	plìan	sûa phâa	kɔ̀ɔn	K
กรุณา	เปลี่ยน	เสื้อผ้า	ก่อน	K
恐れ入りますが	替える	服	まず	

顔にクリームを塗りますね。

ジャ	ター	クリーム	ボン	ナー	ナ	K
ca	thaa	khriim	bon	nâa	ná	K
จะ	ทา	ครีม	บน	หน้า	นะ	K
[未来・予定]	塗る	クリーム	の上に	顔	ね	

冷たくてとっても気持ちいいです。

イェン	サバーイ	ジャン(グ) ルーイ	K
yen	sabaay	can ləəy	K
เย็น	สบาย	จังเลย	K
冷たい	気持ちいい	とっても(口語)	

入れ替え表現 & 単語

[どうか〜／恐れ入りますが〜してください]

ガルナー
karunaa
กรุณา ～ K K

靴を履き替える
プリィアン　ローン(グ)　ターウ
plìan　rɔɔŋ　tháaw
เปลี่ยนรองเท้า

目を閉じる
ラッ(プ)　ター
làp　taa
หลับตา

電話の電源を切る
ピッ(ト)　トーラサッ(プ)
pit　thoorasàp
ปิดโทรศัพท์

もう一度話す
プー(ト)　イー(ク)　クラン(グ)
phûut　ʔìik　khráŋ
พูดอีกครั้ง

ゆっくり話す
プー(ト)　チャ　チャー
phûut　chá　cháa
พูดช้า ๆ

現金で支払う
ジャーイ　ングンソッ(ト)
càay　ŋən sòt
จ่ายเงินสด

[とっても〜です]

～ ジャン(グ)ルーイ K
　　caŋ　ləəy　　K
　　จังเลย

> p.58の「マー(ク) mâak มาก」よりも主観的です。自分の感想を言いたい時に使う口語表現です。

かわいい
ナーラッ(ク)
nâa rák
น่ารัก

おなかがすく
ヒウ　カーウ
hǐw　khâaw
หิวข้าว

ひどい
イェー
yɛ̂ɛ
แย่

辛い
ペッ(ト)
phèt
เผ็ด

よい
ディー
dii
ดี

うれしい
ディージャイ
dii cay
ดีใจ

第4章　シーン別会話集(エステ)

関連フレーズ CD 87

🔥 顔のお肌にどんなお悩みがありますか？

ミー	パンハー	ピウ	ナー	アライ	バーン(グ)	
mii	panhăa	phĭw	nâa	ʔaray	bâaŋ	K
มี	ปัญหา	ผิว	หน้า	อะไร	บ้าง	K
ある	問題	肌	顔	何？	(複数の答えを求める表現)	

🔥 しみを減らしたいです。

ヤー(ク)	ハイ	グラ	ロッ(ト)	ロン(グ)	
yàak	hây	krà	lót	loŋ	K
อยาก	ให้	กระ	ลด	ลง	K
～したい	～させる	しみ	減少する	下がる	

> しわ「リウローイ ríw rɔɔy ริ้วรอย」、くすみ「ファー fâa ฝ้า」、にきび「スィウ sĭw สิว」もエステで使える単語です。

🔥 もっと色白の顔になりたいです。

ヤー(ク)	ナー	カーウ	クン	
yàak	nâa	khăaw	khûn	K
อยาก	หน้า	ขาว	ขึ้น	K
～したい	顔	白い	上がる・～くなる	

🔥 顔が乾燥肌です。

ピウ	ナー	ヘーン(グ)	
phĭw	nâa	hɛ̂ɛŋ	K
ผิว	หน้า	แห้ง	K
肌	顔	乾く	

🔥 毛穴を引き締めたいです。

ヤー(ク)	グラチャッ(プ)	ルー クム コン	
yàak	kracháp	ruu khŭm khŏn	K
อยาก	กระชับ	รูขุมขน	K
～したい	ぴったりくっつける	毛穴	

エステで よく見るタイ文字

สปา	คอลลาเจน
スパ	コラーゲン

สมุนไพร	ลูกประคบสมุนไพร
ハーブ	ハーブボール

コラム

女性も、男性も！　エステでリラックス

　タイはエステ天国でもあります。ホテル内や外国人の多い地区にある「SPA」と看板を掲げている店の多くでは、日本と比べると破格の安さでエステを受けられます。コースによってはタイならではのハーブ（タイ語でサムンプライ）やタイ式マッサージを組み入れたものもあり、至福のひと時を過ごすことができるでしょう。

　バンコクでしたら、日本人在住者が多いスクンビット地区のスパの中には日本語が通じるところもあるので、予約の電話をする際に安心です。また、ほとんどのお店で英語が通じます。

　マッサージ店と同様に値段も技術も様々ですので、利用前にインターネットなどで評判を調べておくことをおすすめします。現地の日系書店や日本食レストランで配布されている日本語フリーペーパーに、スパの割引クーポンやキャンペーンの案内が掲載されているのを目にします。女性はもちろん、男性も気軽に体験してみてはいかがでしょうか。タイの新たな魅力を発見できるに違いありません。

scene 14 ビジネス

ビジネスシーンでの簡単な表現です。

CD 88

私はA Systems社の阿部と申します。

ポム	チュー	アーベ	マー	ジャー(ク)	ボーリサッ(ト)	エースィステム
phǒm	chʉ̂ʉ	ʔaabè	maa	càak	bɔɔrisàt	ʔee sístêm K
ผม	ชื่อ	อาเบะ	มา	จาก	บริษัท	เอ ซิสเต็มส์ K
僕・私(男性)	名前	阿部	来る	から	会社	A Systems

(阿部・相手方)はじめまして。

インディー	ティー	ダイ	ルージャッ(ク)	
yindii	thîi	dây	rúu càk	K
ยินดี	ที่	ได้	รู้จัก	K
うれしい	て	～得る	知る	

阿部さんは結婚されていますか?

クン	アーベ	テン(グ)ンガーン	ル ヤン(グ)	
khun	ʔaabè	tèŋŋaan	rʉ́ʉ yaŋ	K
คุณ	อาเบะ	แต่งงาน	หรือยัง	K
～さん	阿部	結婚する	もう～しましたか?	

結婚しています。

テン(グ)ンガーン	レーウ	
tèŋŋaan	lɛ́ɛw	K
แต่งงาน	แล้ว	K
結婚する	もう～した	

入れ替え表現 & 単語

［もう〜しましたか？］

〜 ル ヤン(グ) K
  rúu yaŋ
  หรือยัง K

「おなかがすく」は、「ヒウ カーウ hǐw khâaw หิวข้าว」でも「ヒウ hǐw หิว」だけでもOKです。

おなかがすく	眠い	チケットを予約する
ヒウ hǐw หิว	ングアン(グ) ノーン ŋûaŋ nɔɔn ง่วงนอน	ジョーン(グ) トゥア cɔɔŋ tǔa จองตั๋ว

恋人がいる	ホテルに着く	ニュースを見る
ミー フェーン mii fɛɛn มีแฟน	トゥン(グ) ローン(グ) レーム thǔŋ rooŋ rɛɛm ถึงโรงแรม	ドゥー カーウ duu khàaw ดูข่าว

［もう〜しました］

〜 レーウ K
  lɛ́ɛw
  แล้ว K

おなかがいっぱい	起きる	食べ終わる
イム ʔìm อิ่ม	トゥーン tùɯn ตื่น	ターン セッ(ト) thaan sèt ทานเสร็จ

サイアムに着く	疲れる	雨が止む
トゥン(グ) サヤーム thǔŋ sayǎam ถึงสยาม	ヌアイ nùay เหนื่อย	フォン ユッ(ト) fǒn yùt ฝนหยุด

第4章 シーン別会話集（ビジネス）

関連フレーズ CD 90

これは、日本からのお土産です。

ニー nîi	コーン(グ) khǒɔŋ	ファー(ク) fàak	ジャー(ク) càak	イープン yîipùn	K
นี่	ของฝาก	จาก	ญี่ปุ่น	K
これ	お土産	から	日本	

ピヤヌットさんは、いらっしゃいますか？

クン khun	ピヤヌッ(ト) pìyánút	ユー yùu	マイ máy	K
คุณ	ปิยนุช	อยู่	ไหม	K
～さん	ピヤヌット(名前)	いる	ですか？	

明日の会議は何時ですか？

プルン(グ)ニー phrûŋ níi	ミー mii	プラチュム prachum	ギー モーン(グ) kìi mooŋ	K
พรุ่งนี้	มี	ประชุม	กี่โมง	K
明日	ある	会議	何時	

工場へ連れて行ってもらえますか？

チュゥアイ chûay	パー phaa	パイ pay	ローン(グ)ンガーン rooŋŋaan	ノイ nɔ̀y	ダイ マイ dây máy	K
ช่วย	พา	ไป	โรงงาน	หน่อย	ได้ไหม	K
～してください	連れる	行く	工場	ちょっと	できますか？	

お先に失礼します。

コー khɔ̌ɔ	トゥア tua	グラッ(プ) klàp	ゴーン kɔ̀ɔn	ナ ná	K
ขอ	ตัว	กลับ	ก่อน	นะ	K
ください	体	帰る	先に	ね	

168

ビジネスで よく見るタイ文字

บริษัท … จำกัด
…株式会社

รายงาน
報告書

ลูกค้า
取引先、顧客

นิคมอุตสาหกรรม
工業団地

コラム

その国に合わせよう！　ビジネスシーンでの心得！

　p.166 の「はじめまして」は、直訳すると「知り合えてうれしいです」ですが、日本語で「はじめまして」と言う場面で、この表現を使います。

　日本のビジネスシーンでは形式的なあいさつの表現が数多くあります。しかし、それらをタイ語で言おうとすると無理が生じます。たとえば「お世話になっております」「よろしくお願いします」「お疲れ様です」などは、タイのビジネスでは使わないのです。もちろんタイ語に訳せないことはないですが、訳語をそのまま日本と同じ場面で使ったら、相手は妙な顔をするでしょう。タイではそのような形式化した抽象的な表現は使わず、無駄を省いた具体的な言い方をします。日本のビジネス会話にとらわれず、柔軟に相手に伝わる具体的な会話を心がけてみてください。

　なお、取引先との会話で身内の社員に言及する場合でも、タイでは「クン khun คุณ ○○」と「さん」付けで呼びます。

scene 15 トラブル

パスポートをなくした時の会話表現です。

CD 91

私は、パスポートを盗まれました。

チャン	トゥー(ク)	カモーイ	パー(ト)サポー(ト)	K
chán	thùuk	khamooy	pháatsapɔ̀ɔt	
ฉัน	ถูก	ขโมย	พาสปอร์ต	K
私(女性)	～される	盗む	パスポート	

どこで盗まれましたか?

トゥー(ク)	カモーイ	ティーナイ	K
thùuk	khamooy	thîi nǎy	
ถูก	ขโมย	ที่ไหน	K
～される	盗む	どこで?	

バスの中でスられました。

トゥー(ク)	ルゥアン(グ)	グラパウ	ボン	ロッ(ト)メー	K
thùuk	lúaŋ	krapǎaw	bon	rót mee	
ถูก	ล้วง	กระเป๋า	บน	รถเมล์	K
～される	スる		の上で	バス	

あなたは警察署に行かなければなりません。

クン	トン(グ)	パイ	サターニータムルゥアッ(ト)	K
khun	tɔ̂ŋ	pay	sathǎanii tamrùat	
คุณ	ต้อง	ไป	สถานีตำรวจ	K
あなた	～しなければならない	行く	警察署	

入れ替え表現 & 単語　CD 92

[[A]に〜されました]

トゥー(ク) [A] 〜 K
thùuk　　　　　 K
ถูก

[蚊]刺す	[犬]かむ	[父]叱る
[ユン(グ)] ガッ(ト) [yuŋ] kàt [ยุง] กัด	[マー] ガッ(ト) [măa] kàt [หมา] กัด	[クン ポー] ドゥ [khun phɔ̂ɔ] dù [คุณพ่อ] ดุ
[車]ぶつける	[上司]怒る	[先生]呼ぶ
[ロッ(ト)] チョン [rót] chon [รถ] ชน	[ジャウ ナーイ] グロー(ト) [câw naay] kròot [เจ้านาย] โกรธ	[クン クルー] リィアッ(ク) [khun khruu] rîak [คุณครู] เรียก

[〜しなければなりません]

トン(グ) 〜 K
tɔ̂ŋ　　　　 K
ต้อง

薬を飲む	お金を払う	がまんする
ターン ヤー thaan yaa ทานยา	ジャーイ ングン càay ŋən จ่ายเงิน	オッ(ト) トン ʔòt thon อดทน
洗濯する	彼(彼女)に会う	仕事をする
サッ(ク) パー sák phâa ซักผ้า	ポッ(ブ) カウ phóp kháw พบเขา	タム ンガーン tham ŋaan ทำงาน

第4章 シーン別会話集（トラブル）

関連フレーズ CD 93

🔥 助けて！

チュゥアイ	ドゥゥアイ	K
chûay	dûay	
ช่วย	ด้วย	K
助ける	（も）	

🔥 気分が悪いです。

マイ	サバーイ	K
mây	sabaay	
ไม่สบาย		K
元気ではない・気分が悪い		

🔥 下痢です。

トーン(グ)	スィア	K
thɔ́ɔŋ	sǐa	
ท้อง	เสีย	K
おなか	壊れる	

🔥 医師に診てもらいに行きたいです。

ヤー(ク)	パイ ハー	モー	K
yàak	pay hǎa	mɔ̌ɔ	
อยาก	ไปหา	หมอ	K
〜したい	訪ねに行く	医師	

🔥 日本語を話せる人はいますか？

ミー	コン	ティー	プー(ト)	パーサー イープン	ダイ マイ	K
mii	khon	thîi	phûut	phaasǎa yîipùn	dây máy	
มี	คน	ที่	พูด	ภาษาญี่ปุ่น	ได้ไหม	K
いる	人	[関係代名詞]	話す	日本語	できる ですか？	

トラブルの際によく見るタイ文字

ตำรวจ
警察

สถานทูตญี่ปุ่น
日本大使館

ขโมย
泥棒・盗む

ล่าม
通訳

コラム

気をつけて！　トラブルには前兆がある！

　タイで様々なトラブルを経験してきましたが、あとで思い返すと、いずれも自分の不注意が招いたものであることに気づきました。食中毒で1週間まともに歩けなくなった時は、不衛生な屋台で氷を使ったスイーツを買い食いしたことが原因でしたし、寝台列車内でパスポートをすられた時も、目の届かない通路の荷台にかばんを置いて寝てしまったことが原因でした。熱中症になったのは、蒸し暑い曇天下で水分補給もせず何時間も歩き回った結果でしたし、バス乗車時に前後を男性に挟まれてかばんをカッターで切られた時は、直前にバス停で目が合うとやけに笑顔を振りまいてきた男性がいて、奇妙に感じたにもかかわらず、そのままバスに乗車してしまったからでした。

　多くのトラブルには原因や兆候があるものです。疑わしいと直感したら避けることを心がけて、大きなトラブルを招くことなく、タイ旅行を楽しんでください。

第4章　シーン別会話集（トラブル）

おもしろタイ語ノート

車内でのうれしいおせっかい

　バスなどの公共交通機関だけでバンコク周辺を日帰り一人旅するのが好きな私には、乗り合わせた人との思い出深いエピソードがいくつもあります。バンコクの西はずれでソーン(グ)テウ รถสองแถว thěw สองแถว という乗合トラックに乗車した時、向かいに座った中年女性が外国人である私に興味を持ったのか話しかけてきました。外国人の多い観光地は別ですが、ローカルな地域では外国人にも当たり前のようにタイ語で話しかけてくるものなのです。私が日本人とわかると、この先のミュージアムに日本製の飛行機があるから見に行きなさいと強く勧めるので、親切を無下にできず途中下車する羽目に。半信半疑で向かうと、広場に陳列された飛行機の中に、戦後初の国産プロペラ旅客機 YS-11 の姿が！　タイでも保存されているとは全く知りませんでした。女性に感謝するとともに、タイ語を話せてよかったと感じた出来事でした。

第 **5** 章

単語集
- ジャンル別
- 50音順

> よく使う単語を約400語掲載しています。
> ジャンル別でも、50音順でも引くことができるので、便利です。

ジャンル別単語集

❶ 人称代名詞

僕・私(男性)	ポム	ผม
私(女性)	ディチャン ดิฉัน, チャン	ฉัน
私たち	プゥアッ(ク)ラウ	พวกเรา
あなた	クン	คุณ
あなた方	プゥアッ(ク)クン	พวกคุณ
彼・彼女	カウ	เขา
彼ら・彼女ら	プゥアッ(ク)カウ	พวกเขา

❷ 人・家族

人	コン	คน
男性	プーチャーイ	ผู้ชาย
女性	プーイン(グ)	ผู้หญิง
大人	プーヤイ	ผู้ใหญ่
子ども	デッ(ク)	เด็ก
父	クンポー	คุณพ่อ
母	クンメー	คุณแม่
兄	ピーチャーイ	พี่ชาย
姉	ピーサーウ	พี่สาว
弟	ノーン(グ)チャーイ	น้องชาย
妹	ノーン(グ)サーウ	น้องสาว
祖父(父方)	プー	ปู่
祖母(父方)	ヤー	ย่า
祖父(母方)	ター	ตา
祖母(母方)	ヤーイ	ยาย
友達	プゥアン	เพื่อน
恋人(彼氏・彼女)	フェーン	แฟน

❸ 体

頭	フゥア	หัว
髪	ポム	ผม
顔	ナー	หน้า
目	ター	ตา
鼻	ジャムー(ク)	จมูก
口	パー(ク)	ปาก
歯	ファン	ฟัน
耳	フー	หู
首、のど	コー	คอ
肩	ライ	ไหล่
腕	ケーン	แขน
手	ムー	มือ
指	ニウ	นิ้ว
胸	ナーオッ(ク)	หน้าอก
腹	トーン(グ)	ท้อง
背中	ラン(グ)	หลัง
腰	エーウ	เอว
尻	ゴン	ก้น
脚	カー	ขา
足	ターウ	เท้า

❹ 体の不調

頭痛	プゥアッ(ト) フゥア	ปวดหัว
歯痛	プゥアッ(ト) ファン	ปวดฟัน
腹痛	プゥアッ(ト) トーン(グ)	ปวดท้อง
下痢	トーン(グ) スィイア	ท้องเสีย
便秘	トーン(グ) プー(ク)	ท้องผูก
熱	ミーカイ	มีไข้
インフルエンザ	カイワッ(ト) ヤイ	ไข้หวัดใหญ่
嘔吐	アージィアン	อาเจียน
食中毒	アーハーン ペン ピッ(ト) อาหารเป็นพิษ	
アレルギー	プーム ペー	ภูมิแพ้
虫刺され	トゥー(ク) マレーン(グ) ガッ(ト)トイ ถูกแมลงกัดต่อย	
熱中症	ロー(ク) ロムデー(ト)	โรคลมแดด
切り傷	プレー タッ(ト)	แผลตัด
擦り傷	プレー タロー(ク)	แผลถลอก

❺ 数

1	ヌン(グ)	หนึ่ง
2	ソーン(グ)	สอง
3	サーム	สาม
4	スィー	สี่
5	ハー	ห้า
6	ホッ(ク)	หก
7	ジェッ(ト)	เจ็ด
8	ペー(ト)	แปด
9	ガーウ	เก้า
10	スィッ(プ)	สิบ
11	スィッ(プ) エッ(ト)	สิบเอ็ด
12	スィッ(プ) ソーン(グ)	สิบสอง
20	イー スィッ(プ)	ยี่สิบ
30	サーム スィッ(プ)	สามสิบ
40	スィー スィッ(プ)	สี่สิบ
50	ハー スィッ(プ)	ห้าสิบ
60	ホッ(ク) スィッ(プ)	หกสิบ
70	ジェッ(ト) スィッ(プ)	เจ็ดสิบ
80	ペー(ト) スィッ(プ)	แปดสิบ
90	ガーウ スィッ(プ)	เก้าสิบ
100	ローイ	ร้อย
110	ローイ スィッ(プ)	ร้อยสิบ
120	ローイ イー スィッ(プ)	ร้อยยี่สิบ

❻ 日・月・曜日・年・季節

今日	ワンニー	วันนี้
昨日	ムア ワーン	เมื่อวาน
明日	プルン(グ)ニー	พรุ่งนี้
1月	(ドゥゥアン) モッガラー コム	
	(เดือน) มกราคม	
2月	(ドゥゥアン) グムパー パン	
	(เดือน) กุมภาพันธ์	
3月	(ドゥゥアン) ミーナー コム	
	(เดือน) มีนาคม	
4月	(ドゥゥアン) メーサー ヨン	
	(เดือน) เมษายน	
5月	(ドゥゥアン) プルッ(ト)サパー コム	
	(เดือน) พฤษภาคม	
6月	(ドゥゥアン) ミトゥナー ヨン	
	(เดือน) มิถุนายน	
7月	(ドゥゥアン) ガラガダー コム	
	(เดือน) กรกฎาคม	
8月	(ドゥゥアン) スィン(グ)ハー コム	
	(เดือน) สิงหาคม	
9月	(ドゥゥアン) ガンヤー ヨン	
	(เดือน) กันยายน	
10月	(ドゥゥアン) トゥラー コム	
	(เดือน) ตุลาคม	
11月	(ドゥゥアン) プルッ(ト)サジガー ヨン	
	(เดือน) พฤศจิกายน	
12月	(ドゥゥアン) タンワー コム	
	(เดือน) ธันวาคม	
月曜日	ワン ジャン	วันจันทร์
火曜日	ワン アン(グ)カーン	วันอังคาร
水曜日	ワン プッ(ト)	วันพุธ
木曜日	ワン パルハッ(ト)	วันพฤหัส
金曜日	ワン スッ(ク)	วันศุกร์
土曜日	ワン サウ	วันเสาร์
日曜日	ワン アーティッ(ト)	วันอาทิตย์
今年	ピーニー	ปีนี้
昨年	ピーティーレーウ	ปีที่แล้ว
来年	ピーナー	ปีหน้า
春	ルドゥー バイマーイ プリ	
	ฤดูใบไม้ผลิ	
夏	ナー ローン	หน้าร้อน
秋	ルドゥー バイマーイ ルアン(グ)	
	ฤดูใบไม้ร่วง	

第 ❺ 章　ジャンル別単語集

| 冬 | ナー ナーウ หน้าหนาว |

❼ 色

白	スィー カーウ สีขาว
黒	スィー ダム สีดำ
赤	スィー デーン(グ) สีแดง
青	スィー ナム ングン สีน้ำเงิน
黄色	スィー ルゥアン(グ) สีเหลือง
緑色	スィー キィアウ สีเขียว
ピンク色	スィー チョムプー สีชมพู
水色	スィー ファー สีฟ้า
紫色	スィー ムゥアン(グ) สีม่วง
茶色	スィー ナムターン สีน้ำตาล
グレー	スィー タウ สีเทา

❽ 方向・位置

東	タワン オー(ク) ตะวันออก
西	タワン トッ(ク) ตะวันตก
南	ターイ ใต้
北	ヌゥア เหนือ
右	クワー ขวา
左	サーイ ซ้าย
上	カーン(グ) ボン ข้างบน
下	カーン(グ) ターイ ข้างใต้
前	カーン(グ) ナー ข้างหน้า
後ろ	カーン(グ) ラン(グ) ข้างหลัง
ここ	ティーニー ที่นี่
そこ	ティーナン ที่นั่น
あそこ	ティーノーン ที่โน่น

❾ 場所

ホテル	ローン(グ)レーム โรงแรม
コンビニエンスストア	ラーン サドゥウアッ(ク) スー ร้านสะดวกซื้อ
スーパーマーケット	スープー マーケッ(ト) ซูเปอร์มาร์เก็ต
デパート	ハーン(グ) (サッパスィンカー) ห้าง(สรรพสินค้า)
レストラン	ラーン アーハーン ร้านอาหาร
書店	ラーン カーイ ナン(グ)スー ร้านขายหนังสือ
薬局	ラーン カーイ ヤー ร้านขายยา
銀行	タナーカーン ธนาคาร
郵便局(口語)	プライサニー ไปรษณีย์
病院	ローン(グ) パヤーバーン โรงพยาบาล
駅	サターニー ロッ(ト)ファイ สถานีรถไฟ
船着き場	タール ルゥア ท่าเรือ
停留所(バス)	パーイ ロッ(ト)メー ป้ายรถเมล์
大学	マハーウィッタヤーライ มหาวิทยาลัย
警察署	サターニー タムルゥアッ(ト) สถานีตำรวจ
日本大使館	サタントゥー(ト) イープン สถานทูตญี่ปุ่น
家	バーン บ้าน
風呂	ホン(グ) アー(プ) ナーム ห้องอาบน้ำ
トイレ	ホン(グ) ナーム ห้องน้ำ
キッチン	クルゥア ครัว

❿ タイの観光名所

ワット・プラケオ (エメラルド寺院)	ワッ(ト) プラゲーウ วัดพระแก้ว
ワット・ポー	ワッ(ト) ポー วัดโพธิ์
ワット・アルン	ワッ(ト) アルン วัดอรุณ
チャオプラヤー川	メーナーム ジャウプラヤー แม่น้ำเจ้าพระยา

日本語	タイ語（カナ）	タイ語
エラワンの祠	サーン プラプロム エーラーワン	ศาลพระพรหมเอราวัณ
ウィークエンド・マーケット	タラー(ト) ナッ(ト) ジャトゥジャッ(ク)	ตลาดนัดจตุจักร
アジアティーク	エーチィアティー(ク)	เอเชียทีค
ラチャダー鉄道市場	タラー(ト) ロッ(ト)ファイ ラッチャダー	ตลาดรถไฟรัชดา
スクンビット通り	タノン スクムウィッ(ト)	ถนนสุขุมวิท
カオサン通り	タノン カーウサーン	ถนนข้าวสาร
中華街(ヤワラート)	ヤウワラー(ト)	เยาวราช
戦勝記念塔	アヌサーワリー チャイ	อนุสาวรีย์ชัยฯ
アンパワー水上マーケット	タラー(ト) ナーム アンパワー	ตลาดน้ำอัมพวา
メークロン線路市場	タラー(ト) ロムフッ(プ) メークローン(グ)	ตลาดร่มหุบ แม่กลอง
サムチュック百年市場	タラー(ト) ローイピー サームチュッ(ク)	ตลาดร้อยปีสามชุก

⑪ 料理

日本語	タイ語（カナ）	タイ語
タイ料理	アーハーン タイ	อาหารไทย
日本料理	アーハーン イープン	อาหารญี่ปุ่น
中国料理	アーハーン ジーン	อาหารจีน
トムヤムクン	トムヤムグン(グ)	ต้มยำกุ้ง
トムカーガイ	トムカーガイ	ต้มข่าไก่
グリーンカレー	ゲーン(グ) キィアウ ワーン	แกงเขียวหวาน
レッドカレー	ゲーン(グ) ペッ(ト)	แกงเผ็ด
マサマンカレー	ゲーン(グ) マッサマン	แกงมัสมั่น
カニのカレー炒め	プー パッ(ト) ポン(グ) ガリー	ปูผัดผงกะหรี่
空芯菜炒め	パッ(ク) ブン(グ) ファイデーン(グ)	ผักบุ้งไฟแดง
ガパオライス(ひき肉バジル炒めご飯)	カーウ パッ(ト) ガプラウ	ข้าวผัดกะเพรา
カオマンガイ	カーウ マン ガイ	ข้าวมันไก่
チャーハン	カーウ パッ(ト)	ข้าวผัด
パッタイ(タイ風焼きそば)	パッタイ	ผัดไทย
ビーフンのヌードル	グゥアイティィアウ ナーム	ก๋วยเตี๋ยวน้ำ
ビーフンの汁なしヌードル	グゥアイティィアウ ヘーン(グ)	ก๋วยเตี๋ยวแห้ง
豚の血入りビーフンのヌードル	グゥアイティィアウ ルゥア	ก๋วยเตี๋ยวเรือ
バミー(タイ風ラーメン)	バミー ナーム	บะหมี่น้ำ
ガイヤーン(ローストチキン)	ガイヤーン(グ)	ไก่ย่าง
パパイヤサラダ	ソムタム	ส้มตำ
春雨サラダ	ヤム ウン セン	ยำวุ้นเส้น
ラープ(ひき肉サラダ)	ラー(プ)	ลาบ
タイスキ	スギー タイ	สุกี้ไทย
チムチュム(東北風タイスキ)	ジムジュム	จิ้มจุ่ม
ご飯(タイ米)	カーウ スゥアイ	ข้าวสวย
もち米	カーウ ニィアウ	ข้าวเหนียว

第5章 ジャンル別単語集

12 飲み物

水	ナム プラーウ	น้ำเปล่า
氷	ナム ケン(グ)	น้ำแข็ง
コーヒー	ガーフェー	กาแฟ
紅茶	チャー ファラン(グ)	ชาฝรั่ง
日本茶(緑茶)	チャー キィアウ	ชาเขียว
中国茶	チャー ジーン	ชาจีน
ジャスミン茶	チャー マリ	ชามะลิ
コーラ	ナム コーラー	น้ำโคล่า
オレンジジュース	ナム ソム	น้ำส้ม
すいかジュース	ナム テーン(グ)モー	น้ำแตงโม
マンゴージュース	ナム マムウアン(グ)	น้ำมะม่วง
ライムジュース	ナム マナーウ	น้ำมะนาว
菊花ジュース	ナム ゲッ(ク) フウアイ	น้ำเก๊กฮวย
酒	ラウ	เหล้า
ビール	ビィア	เบียร์
赤ワイン	ワーイ デーン(グ)	ไวน์แดง
白ワイン	ワーイ カーウ	ไวน์ขาว
ウイスキー	ウィサギー	วิสกี้

13 野菜・果物

野菜	パッ(ク)	ผัก
果物	ポンラマーイ	ผลไม้
パクチー(コリアンダー)	パッ(ク)チー	ผักชี
コブミカンの葉	バイ マグルー(ト)	ใบมะกรูด
レモングラス	タクライ	ตะไคร้
たまねぎ	フウア ホーム	หัวหอม
ねぎ	トン ホーム	ต้นหอม
ライム	マナーウ	มะนาว
キャベツ	ガラムプリー	กะหล่ำปลี
にんじん	ケーロー(ト)	แครอท
トマト	マクウア テー(ト)	มะเขือเทศ
なす	マクウア	มะเขือ
白菜	パッ(ク)ガー(ト) カーウ	ผักกาดขาว
ベビーコーン	カーウ ポー(ト) ファッ(ク) オーン	ข้าวโพดฝักอ่อน
きのこ	ヘッ(ト)	เห็ด
ゴーヤ(ニガウリ)	マラ	มะระ
タマリンド	マカーム	มะขาม
ドリアン	トゥリィアン	ทุเรียน
マンゴー	マムウアン(グ)	มะม่วง
パパイヤ	マラゴー	มะละกอ
マンゴスチン	マン(グ)クッ(ト)	มังคุด
ランブータン	ンゴ	เงาะ
グアバ	ファラン(グ)	ฝรั่ง
パイナップル	サッパロッ(ト)	สับปะรด
バナナ	グルゥアイ	กล้วย
すいか	テーン(グ)モー	แตงโม
みかん	ソム	ส้ม
ざぼん	ソム オー	ส้มโอ
ロンガン	ラムヤイ	ลำไย
ジャックフルーツ	カヌン	ขนุน
ドラゴンフルーツ	ゲーウ マン(グ)ゴーン	แก้วมังกร
ココナッツ	マプラーウ	มะพร้าว

14 食材

肉	ヌゥア	เนื้อ
鶏肉	ガイ	ไก่
豚肉	ムー	หมู
牛肉	ウゥア	วัว
ホルモン	クルゥアン(グ) ナイ	เครื่องใน
小麦	カーウ サーリー	ข้าวสาลี
パン	カノム パン(グ)	ขนมปัง
卵	カイ	ไข่
牛乳	ノム ソッ(ト)	นมสด
ヨーグルト	ヨーグー(ト)	โยเกิร์ต

魚	プラー ปลา
カニ	プー ปู
エビ	グン(グ) กุ้ง
カキ	ホイ ナーン(グ) ロム หอยนางรม
イカ	プラー ムッ(ク) ปลาหมึก

⑮ 調味料

砂糖	ナムターン น้ำตาล
塩	グルゥア เกลือ
醤油	スィーイウ イープン ซีอิ๊วญี่ปุ่น
ナンプラー	ナムプラー น้ำปลา
こしょう	プリッ(ク) タイ พริกไทย
酢	ナム ソム น้ำส้ม
粉唐辛子	プリッ(ク) ポン พริกป่น
しょうが	キン(グ) ขิง
にんにく	グラティアム กระเทียม
ココナッツミルク	ガティ กะทิ

⑯ 食器・調理器具

皿	ジャーン จาน
コップ	ゲーウ แก้ว
カップ	トゥアイ ถ้วย
箸	タギィアッ(プ) ตะเกียบ
スプーン	チョーン ช้อน
フォーク	ソム ส้อม
どんぶり	チャーム ชาม
つまようじ	マイ ジム ファン ไม้จิ้มฟัน
包丁	ミー(ト) มีด
まな板	キィアン(グ) เขียง
鍋	モー หม้อ
フライパン	グラタ กระทะ
ガスコンロ	タウ ゲー(ト) เตาแก๊ส

⑰ 衣類・服飾小物

Tシャツ	スゥア ユー(ト) เสื้อยืด
ブラウス	スゥア チュー(ト) プーイン(グ) เสื้อเชิ้ตผู้หญิง
ズボン	ガーン(グ)ゲーン(グ) กางเกง
タンクトップ	スゥア グラーム เสื้อกล้าม
スカート	グラプローン(グ) กระโปรง
ワンピース	ドゥレース เดรส
ジャケット	スゥア ジェッ(ク)ゲッ(ト) เสื้อแจ็คเก็ต
コート	スゥア コー(ト) เสื้อโค้ท
靴	ローン(グ)ターウ รองเท้า
サンダル	ローン(グ)ターウ テ รองเท้าแตะ
帽子	ムゥアッ(ク) หมวก
バッグ	グラパウ กระเป๋า
ネックレス	ソイ コー สร้อยคอ
指輪	ウェーン แหวน
ブレスレット	ソイ コームー สร้อยข้อมือ
ピアス(イヤリング)	ターン(グ) フー ต่างหู
サングラス	ウェン ダム แว่นดำ
腕時計	ナーリガー コームー นาฬิกาข้อมือ

⑱ 生活用品

ティッシュ	ティッチュー ทิชชู่
トイレットペーパー	グラダー(ト) チャムラ กระดาษชำระ
タオル	パー コンヌー ผ้าขนหนู
バスタオル	パー チェッ(ト) トゥア ผ้าเช็ดตัว
シャンプー	チェームプー แชมพู
コンディショナー	コンディチャンヌー คอนดิชันเนอร์
せっけん	サブー สบู่
ハンドソープ	サブー レーウ สบู่เหลว

ボディソープ	クリーム アー(プ) ナーム ครีมอาบน้ำ
くし	ウィー หวี
かみそり	ミー(ト) ゴーン มีดโกน
爪切り	ガングライ タッ(ト) レッ(プ) กรรไกรตัดเล็บ
歯ブラシ	プレーン(グ) スィー ファン แปรงสีฟัน
歯磨き粉	ヤー スィー ファン ยาสีฟัน

⑲ 本・文房具

本	ナン(グ) スー หนังสือ
マンガ本	ナン(グ) スー ガートゥーン หนังสือการ์ตูน
小説	ナワニヤーイ นวนิยาย
エッセイ	リィアン(グ) クワーム เรียงความ
料理書	ナン(グ) スー タム アーハーン หนังสือทำอาหาร
ペン	パー(ク) ガー ปากกา
鉛筆	ディンソー ดินสอ
ノート	サムッ(ト) ノー(ト) สมุดโน้ต
はさみ	ガングライ กรรไกร
セロハンテープ	テー(プ) サイ เทปใส

⑳ 家具・家電製品

机	ト โต๊ะ
椅子	ガウ イー เก้าอี้
ソファ	ソーファー โซฟา
ベッド	ティアン(グ) เตียง
クローゼット	トゥー スゥアパー ตู้เสื้อผ้า
ゴミ箱	タン(グ) カヤ ถังขยะ
テレビ(口語)	ティーウィー ทีวี
電子レンジ	マイクロー ウェー(プ) ไมโครเวฟ
エアコン	エー แอร์
アイロン	タウ リー(ト) เตารีด

パソコン	コムピウトゥー คอมพิวเตอร์
DVDプレイヤー	クルゥアン(グ) レン ディーウィーディー เครื่องเล่นดีวีดี
携帯電話	トーラサッ(プ) ムートゥー โทรศัพท์มือถือ
ケータイ(口語)	ムートゥー มือถือ
スマートフォン	サマー(ト) フォーン สมาร์ทโฟน
デジタルカメラ	グロン(グ) ディジトン กล้องดิจิตอล
USBメモリー	フレッ(ト) ダイ(ブ) แฟลชไดรฟ์
SDカード	エスディー ガー(ด) เอสดีการ์ด
LANケーブル	サーイ レーン สายแลน

㉑ 類別詞

〜人(人)	コン คน
〜匹(動物)、〜枚・着(服)	トゥア ตัว
〜皿(お皿に盛られた料理)	ジャーン จาน
〜杯(どんぶり状の器に入った料理)	チャーム ชาม
〜杯(コップ・グラスに入った飲み物)	ゲーウ แก้ว
〜杯(カップ・湯のみに入った飲み物)	トゥアイ ถ้วย
〜個(形不定や類別詞が不明な物)	アン อัน
〜枚(チケット)、〜個(かばん、食器全般)	バイ ใบ
〜台(車、バイク)	カン คัน
〜足(左右1組の靴)	クー คู่

㉒ 動詞(50音順)

会う	ポッ(プ) พบ

洗う(体、物を)	ラーン(グ) ล้าง
洗う(髪を)	サ สระ
歩く	ドゥーン เดิน
行く	パイ ไป
起きる	トゥーン ตื่น
思う	キッ(ト) คิด
降りる(乗り物から)	ロン(グ) ลง
買う	スー ซื้อ
帰る	グラッ(プ) กลับ
書く	キィアン เขียน
感じる	ルースッ(ク) รู้สึก
着替える	プリィアン スゥア เปลี่ยนเสื้อ
聞く	ファン(グ) ฟัง
聞こえる	ダイン ได้ยิน
着る	サイ ใส่
来る	マー มา
座る	ナン(グ) นั่ง
頼む	サン(グ) สั่ง
食べる	ターン ทาน
食べる(口語)	ギン กิน
注文する	サン(グ) สั่ง
出る	オー(ク) ออก
電話をする	トーラサッ(プ) โทรศัพท์
脱ぐ	トー(ト) ถอด
飲む	ドゥーム ดื่ม
乗る	クン ขึ้น
入る	カウ เข้า
履く	サイ ใส่
走る	ウィン(グ) วิ่ง
話す	プー(ト) พูด
見える	ヘン เห็น
見る	ドゥー ดู
読む	アーン อ่าน
忘れる	ルーム ลืม

23 形容詞(50音順)

暖かい	ウン อุ่น
暑い・熱い	ローン ร้อน
甘い	ワーン หวาน
美しい	スゥアイ สวย
多い(口語)	ユ เยอะ
大きい	ヤイ ใหญ่
遅い(速度・動きが)	チャー ช้า
遅い(予定時刻より)	サーイ สาย
重い	ナッ(ク) หนัก
辛い	ペッ(ト) เผ็ด
軽い	バウ เบา
かわいい	ナーラッ(ク) น่ารัก
汚い(不潔)	ソッ(ク)ガプロッ(ク) สกปรก
きれい(清潔)	サアー(ト) สะอาด
寒い	ナーウ หนาว
塩辛い	ケム เค็ม
少ない	ノーイ น้อย
涼しい・冷たい	イェン เย็น
酸っぱい	プリィアウ เปรี้ยว
狭い	ケー(プ) แคบ
高い(建物・身長など)	スーン(グ) สูง
高い(値段)	ペーン(グ) แพง
小さい	レッ(ク) เล็ก
近い	グライ ใกล้
遠い	グライ ไกล
長い	ヤーウ ยาว
苦い	コム ขม
早い・速い	レウ เร็ว
低い(建物・身長など)	ティア เตี้ย
広い	グワーン(グ) กว้าง
短い	サン สั้น
安い(値段)	トゥー(ク) ถูก

50音順単語集

● 数字

1	ヌン(グ)	หนึ่ง
2	ソーン(グ)	สอง
3	サーム	สาม
4	スィー	สี่
5	ハー	ห้า
6	ホッ(ク)	หก
7	ジェッ(ト)	เจ็ด
8	ペー(ト)	แปด
9	ガーウ	เก้า
10	スィッ(プ)	สิบ
11	スィッ(プ) エッ(ト)	สิบเอ็ด
12	スィッ(プ) ソーン(グ)	สิบสอง
20	イー スィッ(プ)	ยี่สิบ
30	サーム スィッ(プ)	สามสิบ
40	スィー スィッ(プ)	สี่สิบ
50	ハー スィッ(プ)	ห้าสิบ
60	ホッ(ク) スィッ(プ)	หกสิบ
70	ジェッ(ト) スィッ(プ)	เจ็ดสิบ
80	ペー(ト) スィッ(プ)	แปดสิบ
90	ガーウ スィッ(プ)	เก้าสิบ
100	ローイ	ร้อย
110	ローイ スィッ(プ)	ร้อยสิบ
120	ローイ イー スィッ(プ)	ร้อยยี่สิบ

● あ

アイロン	タウ リー(ト)	เตารีด
会う	ポッ(プ)	พบ
青	スィー ナム ングン	สีน้ำเงิน
赤	スィー デーン(グ)	สีแดง
赤ワイン	ワーイ デーン(グ)	ไวน์แดง
秋	ルドゥー バイマーイ ルアン(グ)	ฤดูใบไม้ร่วง
脚	カー	ขา
足	ターウ	เท้า
アジアティーク	エーチィアティー(ク)	เอเชียทีค
明日	プルン(グ)ニー	พรุ่งนี้
あそこ	ティーノーン	ที่โน่น
暖かい	ウン	อุ่น
頭	フゥア	หัว
暑い・熱い	ローン	ร้อน
あなた	クン	คุณ
あなた方	プゥアッ(ク)クン	พวกคุณ
兄	ピーチャーイ	พี่ชาย
姉	ピーサーウ	พี่สาว
甘い	ワーン	หวาน
洗う(髪を)	サ	สระ
洗う(体、物を)	ラーン(グ)	ล้าง
歩く	ドゥーン	เดิน
アレルギー	プーム ペー	ภูมิแพ้
アンパワー水上マーケット	タラー(ト) ナーム アンパワー	ตลาดน้ำอัมพวา

● い

家	バーン	บ้าน
イカ	プラー ムッ(ク)	ปลาหมึก
行く	パイ	ไป
椅子	ガウ イー	เก้าอี้
1月	(ドゥゥアン) モッガラー コム	(เดือน) มกราคม
妹	ノーン(グ)サーウ	น้องสาว
インフルエンザ	カイワッ(ト) ヤイ	ไข้หวัดใหญ่

● う

ウィークエンド・マーケット	タラー(ト) ナッ(ト) ジャトゥジャッ(ク)	ตลาดนัดจตุจักร
ウイスキー	ウィサギー	วิสกี้
上	カーン(グ) ボン	ข้างบน
後ろ	カーン(グ) ラン(グ)	ข้างหลัง
美しい	スゥアイ	สวย
腕	ケーン	แขน

腕時計	ナーリガー コームー	นาฬิกาข้อมือ

え

エアコン	エー แอร์	
駅	サターニー ロッ(ト)ファイ	สถานีรถไฟ
SDカード	エスディー ガー(ド)	เอสดีการ์ด
エッセイ	リィアン(グ) クワーム	เรียงความ
エビ	グン(グ)	กุ้ง
エラワンの祠	サーン プラプロム エーラーワン	ศาลพระพรหมเอราวัณ
鉛筆	ディンソー	ดินสอ

お

嘔吐	アージィアン	อาเจียน
多い(口語)	ユ	เยอะ
大きい	ヤイ	ใหญ่
起きる	トゥーン	ตื่น
遅い(速度・動きが)	チャー	ช้า
遅い(予定時刻より)	サーイ	สาย
弟	ノーン(グ)チャーイ	น้องชาย
大人	プーヤイ	ผู้ใหญ่
重い	ナッ(ク)	หนัก
思う	キッ(ト)	คิด
降りる(乗り物から)	ロン(グ)	ลง
オレンジジュース	ナム ソム	น้ำส้ม

か

ガイヤーン(ローストチキン)	ガイヤーン(グ)	ไก่ย่าง
買う	スー	ซื้อ
帰る	グラッ(プ)	กลับ
顔	ナー	หน้า
カオサン通り	タノン カーウサーン	ถนนข้าวสาร
カオマンガイ	カーウ マン ガイ	ข้าวมันไก่
カキ	ホイ ナーン(グ) ロム	หอยนางรม
書く	キィアン	เขียน
ガスコンロ	タウ ゲー(ト)	เตาแก๊ส
肩	ライ	ไหล่
カップ	トゥウアイ	ถ้วย
カニ	プー	ปู
カニのカレー炒め	プー パッ(ト)ポン(グ) ガリー	ปูผัดผงกะหรี่
ガパオライス(ひき肉バジル炒めご飯)	カーウ パッ(ト) ガプラウ	ข้าวผัดกะเพรา
髪	ポム	ผม
かみそり	ミー(ト) ゴーン	มีดโกน
火曜日	ワン アン(グ)カーン	วันอังคาร
辛い	ペッ(ト)	เผ็ด
軽い	バウ	เบา
彼・彼女	カウ	เขา
彼ら・彼女ら	プゥアッ(ク)カウ	พวกเขา
かわいい	ナーラッ(ク)	น่ารัก
感じる	ルースッ(ク)	รู้สึก

き

黄色	スィー ルゥアン(グ)	สีเหลือง
着替える	プリィアン スゥア	เปลี่ยนเสื้อ
聞く	ファン(グ)	ฟัง
聞こえる	ダイン	ได้ยิน
北	ヌゥア	เหนือ
汚い(不潔)	ソッ(ク)ガプロッ(ク)	สกปรก
菊花ジュース	ナム ゲッ(ク) フゥアイ	น้ำเก๊กฮวย
キッチン	クルゥア	ครัว
昨日	ムア ワーン	เมื่อวาน
きのこ	ヘッ(ト)	เห็ด
キャベツ	ガラムプリー	กะหล่ำปลี
牛肉	ウゥア	วัว

第5章 50音順単語集

牛乳	ノム ソッ(ト) นมสด
今日	ワンニー วันนี้
切り傷	プレー タッ(ト) แผลตัด
着る	サイ ใส่
きれい(清潔)	サアー(ト) สะอาด
銀行	タナーカーン ธนาคาร
金曜日	ワン スッ(ク) วันศุกร์

● く

グアバ	ファラン(グ) ฝรั่ง
空芯菜炒め	パッ(ク) ブン(グ) ファイデーン(グ) ผักบุ้งไฟแดง
9月	(ドゥアン) ガンヤー ヨン (เดือน) กันยายน
くし	ウィー หวี
果物	ポンラマーイ ผลไม้
口	パー(ク) ปาก
靴	ローン(グ)ターウ รองเท้า
首、のど	コー คอ
グリーンカレー	ゲーン(グ) キィアウ ワーン แกงเขียวหวาน
来る	マー มา
グレー	スィー タウ สีเทา
黒	スィー ダム สีดำ
クローゼット	トゥー スゥアパー ตู้เสื้อผ้า

● け

警察署	サターニー タムルゥアッ(ト) สถานีตำรวจ
携帯電話	トーラサッ(プ) ムートゥー โทรศัพท์มือถือ
ケータイ(口語)	ムートゥー มือถือ
月曜日	ワン ジャン วันจันทร์
下痢	トーン(グ) スィア ท้องเสีย

● こ

~個[類](形不定や類別詞が不明な物)
	アン อัน

~個[類](かばん、食器全般)
	バイ ใบ
恋人(彼氏・彼女)	フェーン แฟน
紅茶	チャー ファラン(グ) ชาฝรั่ง
コート	スゥア コー(ト) เสื้อโค้ท
コーヒー	ガーフェー กาแฟ
ゴーヤ(ニガウリ)	マラ มะระ
コーラ	ナム コーラー น้ำโคล่า
氷	ナム ケン(グ) น้ำแข็ง
5月	(ドゥアン) プルッ(ト)サパー コム (เดือน) พฤษภาคม
ここ	ティーニー ที่นี่
ココナッツ	マプラーウ มะพร้าว
ココナッツミルク	ガティ กะทิ
腰	エーウ เอว
こしょう	プリッ(ク) タイ พริกไทย
コップ	ゲーウ แก้ว
今年	ピーニー ปีนี้
子ども	デッ(ク) เด็ก
粉唐辛子	プリッ(ク) ポン พริกป่น
ご飯(タイ米)	カーウ スゥアイ ข้าวสวย
コブミカンの葉	バイ マグルー(ト) ใบมะกรูด
ゴミ箱	タン(グ) カヤ ถังขยะ
小麦	カーウ サーリー ข้าวสาลี
コンディショナー	コンディチャンヌー คอนดิชันเนอร์
コンビニエンスストア	ラーン サドゥアッ(ク) スー ร้านสะดวกซื้อ

● さ

魚	プラー ปลา
昨年	ピーティーレーウ ปีที่แล้ว
酒	ラウ เหล้า
砂糖	ナムターン น้ำตาล
ざぼん	ソム オー ส้มโอ
寒い	ナーウ หนาว

サムチュック百年市場	タラー(ト) ローイピー サームチュッ(ク) ตลาดร้อยปีสามชุก
皿	ジャーン จาน
〜皿[類]（お皿に盛られた料理）	ジャーン จาน
3月	(ドゥゥアン) ミーナー コム (เดือน) มีนาคม
サングラス	ウェン ダム แว่นดำ
サンダル	ローン(グ)ターウ テ รองเท้าแตะ

● し

塩	グルゥア เกลือ
塩辛い	ケム เค็ม
4月	(ドゥゥアン) メーサー ヨン (เดือน) เมษายน
下	カーン(グ) ターイ ข้างใต้
7月	(ドゥゥアン) ガラガダー コム (เดือน) กรกฎาคม
歯痛	プゥアッ(ト) ファン ปวดฟัน
ジャケット	スゥア ジェッ(ク)ゲッ(ト) เสื้อแจ็คเก็ต
ジャスミン茶	チャー マリ シャマェリ
ジャックフルーツ	カヌン ขนุน
シャンプー	チェームプー แชมพู
11月	(ドゥゥアン) プルッ(ト)サジガーヨン (เดือน) พฤศจิกายน
10月	(ドゥゥアン) トゥラー コム (เดือน) ตุลาคม
12月	(ドゥゥアン) タンワー コム (เดือน) ธันวาคม
しょうが	キン(グ) ขิง
小説	ナワニヤーイ นวนิยาย
醤油	スィーイウ イープン ซีอิ๊วญี่ปุ่น
食中毒	アーハーン ペン ピッ(ト) อาหารเป็นพิษ

女性	プーイン(グ) ผู้หญิง
書店	ラーン カーイ ナン(グ)スー ร้านขายหนังสือ
尻	ゴン ก้น
白	スィー カーウ สีขาว
白ワイン	ワーイ カーウ ไวน์ขาว

● す

酢	ナム ソム น้ำส้ม
すいか	テーン(グ)モー แตงโม
すいかジュース	ナム テーン(グ)モー น้ำแตงโม
水曜日	ワン プッ(ト) วันพุธ
スーパーマーケット	スープー マーゲッ(ト) ซูเปอร์มาร์เก็ต
スカート	グラプローン(グ) กระโปรง
少ない	ノーイ น้อย
スクンビット通り	タノン スクムウィッ(ト) ถนนสุขุมวิท
涼しい	イェン เย็น
頭痛	プゥアッ(ト) フゥア ปวดหัว
酸っぱい	プリィアウ เปรี้ยว
スプーン	チョーン ช้อน
ズボン	ガーン(グ)ゲーン(グ) กางเกง
スマートフォン	サマー(ト) フォーン สมาร์ทโฟน
擦り傷	プレー タロー(ク) แผลถลอก
座る	ナン(グ) นั่ง

● せ

せっけん	サブー สบู่
背中	ラン(グ) หลัง
狭い	ケー(プ) แคบ
セロハンテープ	テー(ブ) サイ เทปใส
戦勝記念塔	アヌサーワリー チャイ อนุสาวรีย์ชัยฯ

● そ

〜足[類]（左右1組の靴）	クー คู่

第5章 50音順単語集

そこ	ティーナン ที่นั่น
祖父(父方)	プー ปู่
祖父(母方)	ター ตา
ソファ	ソーファー โซฟา
祖母(父方)	ヤー ย่า
祖母(母方)	ヤーイ ยาย

● た

～台[類](車、バイク)	カン คัน
大学	マハーウィッタヤーライ มหาวิทยาลัย
タイスキ	スギー タイ สุกี้ไทย
タイ料理	アーハーン タイ อาหารไทย
タオル	パー コンヌー ผ้าขนหนู
高い(建物・身長など)	スーン(グ) สูง
高い(値段)	ペーン(グ) แพง
頼む	サン(グ) สั่ง
食べる	ターン ทาน
食べる(口語)	ギン กิน
卵	カイ ไข่
たまねぎ	フア ホーム หัวหอม
タマリンド	マカーム มะขาม
タンクトップ	スワ グラーム เสื้อกล้าม
男性	プーチャーイ ผู้ชาย

● ち

小さい	レッ(ク) เล็ก
近い	グライ ใกล้
父	クンポー คุณพ่อ
チムチュム(東北風タイスキ)	ジムジュム จิ้มจุ่ม
チャーハン	カーウ パッ(ト) ข้าวผัด
茶色	スィー ナムターン สีน้ำตาล
チャオプラヤー川	メーナーム ジャウプラヤー แม่น้ำเจ้าพระยา
～着[類](服)	トゥア ตัว
中華街(ヤワラート)	ヤウワラー(ト) เยาวราช

中国茶	チャー ジーン ชาจีน
中国料理	アーハーン ジーン อาหารจีน
注文する	サン(グ) สั่ง

● つ

机	ト โต๊ะ
つまようじ	マイ ジム ファン ไม้จิ้มฟัน
爪切り	ガングライ タッ(ト) レッ(บ) กรรไกรตัดเล็บ
冷たい	イェン เย็น

● て

手	ムー มือ
Tシャツ	スワ ユー(ト) เสื้อยืด
DVDプレイヤー	クルアン(グ) レン ディーウィーディー เครื่องเล่นดีวีดี
ティッシュ	ティッチュー ทิชชู่
停留所(バス)	パーイ ロッ(ト) メー ป้ายรถเมล์
デジタルカメラ	グロン(グ) ディジトン กล้องดิจิตอล
デパート	ハーン(グ) (サッパスィンカー) ห้าง(สรรพสินค้า)
出る	オー(ク) ออก
テレビ(口語)	ティーウィー ทีวี
電子レンジ	マイクロー ウェー(ブ) ไมโครเวฟ
電話をする	トーラサッ(プ) โทรศัพท์

● と

トイレ	ホン(グ) ナーム ห้องน้ำ
トイレットペーパー	グラダー(ト) チャムラ กระดาษชำระ
遠い	グライ ไกล
トマト	マクア テー(ト) มะเขือเทศ
トムカーガイ	トムカーガイ ต้มข่าไก่
トムヤムクン	トムヤムグン(グ) ต้มยำกุ้ง
友達	プアン เพื่อน
土曜日	ワン サウ วันเสาร์
ドラゴンフルーツ	ゲーウ マン(グ)ゴーン แก้วมังกร

ドリアン	トゥリアン ทุเรียน
鶏肉	ガイ ไก่
どんぶり	チャーム ชาม

● な

長い	ヤーウ ยาว
なす	マクゥア มะเขือ
夏	ナー ローン หน้าร้อน
鍋	モー หม้อ
ナンプラー	ナムプラー น้ำปลา

● に

苦い	コム ขม
2月	(ドゥアン) グムパー パン (เดือน) กุมภาพันธ์
肉	ヌゥア เนื้อ
西	タワン トッ(ク) ตะวันตก
日曜日	ワン アーティッ(ト) วันอาทิตย์
日本大使館	サタントゥー(ト) イープン สถานทูตญี่ปุ่น
日本茶(緑茶)	チャー キィアウ ชาเขียว
日本料理	アーハーン イープン อาหารญี่ปุ่น
～人[類](人)	コン คน
にんじん	ケーロー(ト) แครอท
にんにく	グラティアム กระเทียม

● ぬ

脱ぐ	トー(ト) ถอด

● ね

ねぎ	トン ホーム ต้นหอม
熱	ミー カイ มีไข้
ネックレス	ソイ コー สร้อยคอ
熱中症	ロー(ク) ロムデー(ト) โรคลมแดด

● の

ノート	サムッ(ト) ノー(ト) สมุดโน้ต
飲む	ドゥーム ดื่ม
乗る	クン ขึ้น

● は

歯	ファン ฟัน
～杯[類](カップ・湯のみに入った飲み物)	トゥアイ ถ้วย
～杯[類](コップ・グラスに入った飲み物)	ゲーウ แก้ว
～杯[類](どんぶり状の器に入った料理)	チャーム ชาม
歯痛	プゥアッ(ト) ファン ปวดฟัน
パイナップル	サッパロッ(ト) สับปะรด
入る	カウ เข้า
履く	サイ ใส่
白菜	パッ(ク)ガー(ト) カーウ ผักกาดขาว
パクチー(コリアンダー)	パッ(ク)チー ผักชี
はさみ	ガングライ กรรไกร
箸	タギィアッ(プ) ตะเกียบ
走る	ウィン(グ) วิ่ง
バスタオル	パー チェッ(ト) トゥゥア ผ้าเช็ดตัว
パソコン	コムピウトゥー คอมพิวเตอร์
8月	(ドゥアン) スィン(グ)ハー コム (เดือน) สิงหาคม
バッグ	グラパウ กระเป๋า
パッタイ(タイ風焼きそば)	パッタイ ผัดไทย
鼻	ジャムー(ク) จมูก
話す	プー(ト) พูด
バナナ	グルゥアイ กล้วย
母	クンメー คุณแม่
パパイヤ	マラゴー มะละกอ
パパイヤサラダ	ソムタム ส้มตำ

第5章 50音順単語集

189

歯ブラシ	プレーン(グ) スィー ファン แปรงสีฟัน
バミー(タイ風ラーメン)	バミー ナーム บะหมี่น้ำ
歯磨き粉	ヤー スィー ファン ยาสีฟัน
早い・速い	レウ เร็ว
腹	トーン(グ) ท้อง
春	ルドゥー バイマーイ プリ ฤดูใบไม้ผลิ
春雨サラダ	ヤム ウン セン ยำวุ้นเส้น
パン	カノム パン(グ) ขนมปัง
ハンドソープ	サブー レーウ สบู่เหลว

ひ

ピアス(イヤリング)	ターン(グ) フー ต่างหู
ビーフンの汁なしヌードル	グゥアイティアウ ヘーン(グ) ก๋วยเตี๋ยวแห้ง
ビーフンのヌードル	グゥアイティアウ ナーム ก๋วยเตี๋ยวน้ำ
ビール	ビア เบียร์
東	タワン オー(ク) ตะวันออก
～匹[類]	トゥア ตัว
低い(建物・身長など)	ティア เตี้ย
左	サーイ ซ้าย
人	コン คน
病院	ローン(グ) パヤーバーン โรงพยาบาล
広い	グワーン(グ) กว้าง
ピンク色	スィー チョムプー สีชมพู

ふ

フォーク	ソム ส้อม
腹痛	プゥアッ(ト) トーン(グ) ปวดท้อง
豚肉	ムー หมู
豚の血入りビーフンのヌードル	グゥアイティアウ ルゥア ก๋วยเตี๋ยวเรือ
船着き場	ター ルゥア ท่าเรือ
冬	ナー ナーウ หน้าหนาว
フライパン	グラタ กระทะ
ブラウス	スゥア チュー(ト) プーイン(グ) เสื้อเชิ้ตผู้หญิง
ブレスレット	ソイ コームー สร้อยข้อมือ
風呂	ホン(グ) アー(プ) ナーム ห้องอาบน้ำ

へ

ベッド	ティアン(グ) เตียง
ベビーコーン	カーウ ポー(ト) ファッ(ク) オーン ข้าวโพดฝักอ่อน
ペン	パー(ク)ガー ปากกา
便秘	トーン(グ) プー(ク) ท้องผูก

ほ

帽子	ムゥアッ(ク) หมวก
包丁	ミー(ト) มีด
ボディソープ	クリーム アー(プ) ナーム ครีมอาบน้ำ
ホテル	ローン(グ)レーム โรงแรม
ホルモン	クルゥアン(グ) ナイ เครื่องใน
本	ナン(グ)スー หนังสือ

ま

～枚[類](チケット)	バイ ใบ
～枚[類](服)	トゥア ตัว
前	カーン(グ) ナー ข้างหน้า
マサマンカレー	ゲーン(グ) マッサマン แกงมัสมั่น
まな板	キィアン(グ) เขียง
マンガ本	ナン(グ)スー ガートゥーン หนังสือการ์ตูน
マンゴー	マムゥアン(グ) มะม่วง

マンゴージュース	ナム マムゥアン(グ) น้ำมะม่วง
マンゴスチン	マン(グ)クッ(ト) มังคุด

み

見える	ヘン เห็น
みかん	ソム ส้ม
右	クワー ขวา
短い	サン สั้น
水	ナム プラーウ น้ำเปล่า
水色	スィー ファー สีฟ้า
緑色	スィー キィアウ สีเขียว
南	ターイ ใต้
耳	フー หู
見る	ドゥー ดู

む

虫刺され	トゥー(ク) マレーン(グ) ガッ(ト)トイ ถูกแมลงกัดต่อย
胸	ナーオッ(ク) หน้าอก
紫色	スィー ムゥアン(グ) สีม่วง

め

目	ター ตา
メークロン線路市場	タラー(ト) ロムフツ(プ) メーグローン(グ) ตลาดร่มหุบ แม่กลอง

も

木曜日	ワン パルハッ(ト) วันพฤหัส
もち米	カーウ ニィアウ ข้าวเหนียว

や

野菜	パッ(ク) ผัก
安い(値段)	トゥー(ク) ถูก
薬局	ラーン カーイ ヤー ร้านขายยา

ゆ

USBメモリー	フレッ(ト) ダイ(ブ) แฟลชไดรฟ์
郵便局(口語)	プライサニー ไปรษณีย์
指	ニウ นิ้ว
指輪	ウェーン แหวน

よ

ヨーグルト	ヨーグー(ト) โยเกิร์ต
読む	アーン อ่าน

ら

ラープ(ひき肉サラダ)	ラー(プ) ลาบ
来年	ピーナー ปีหน้า
ライム	マナーウ มะนาว
ライムジュース	ナム マナーウ น้ำมะนาว
ラチャダー鉄道市場	タラー(ト) ロッ(ト)ファイ ラッチャダー ตลาดรถไฟรัชดา
LANケーブル	サーイ レーン สายแลน
ランブータン	ンゴ เงาะ

り

料理書	ナン(グ)スー タム アーハーン หนังสือทำอาหาร

れ

レストラン	ラーン アーハーン ร้านอาหาร
レッドカレー	ゲーン(グ) ペッ(ト) แกงเผ็ด
レモングラス	タクライ ตะไคร้

ろ

6月	(ドゥアン) ミトゥナー ヨン (เดือน) มิถุนายน
ロンガン	ラムヤイ ลำไย

わ

忘れる	ルーム ลืม
私(女性)	ディチャン ดิฉัน, チャン ฉัน
私(男性)	ポム ผม
私たち	プゥアッ(ク)ラウ พวกเรา
ワット・アルン	ワッ(ト) アルン วัดอรุณ
ワット・プラケオ	ワッ(ト) プラゲーウ วัดพระแก้ว
ワット・ポー	ワッ(ト) ポー วัดโพธิ์
ワンピース	ドゥレース เดรส

● 著者 ● **小野健一**

早稲田大学法学部卒。地方公務員として行政オンライン・システム開発を担当した後、1997年にバンコクのタイ語の語学学校へ。商社の輸入業務担当、旅行代理店勤務などを経て、2001年にバンコクの国立シーナカリン・ウィロート大学人文学部に留学（聴講生）。2003年〜05年に早稲田大学大学院アジア太平洋研究科国際関係学専攻修士課程で学ぶ。2004年に論文執筆の資料収集を兼ね、バンコクの国立チュラロンコン大学法学部に留学（聴講生）。平成19年度通訳案内士試験（タイ語）合格。現在、タイ語レッスンなどを行う有限会社タイコムの取締役社長を務める傍ら、地元自治体のタイ語通訳・翻訳ボランティアも行う。著書に『あなただけのタイ語家庭教師』（国際語学社）、『現代タイ動向 2006-2008』（共著、めこん）がある。

● スタッフ ●

タイ語校正	アリーラット・ナークサワット
日本語校正	大道寺ちはる
タイ語ナレーション	香ノ木ウォララック、アドゥン・カナンシン
日本語ナレーション	AIRI
本文デザイン	西藤久美子（PAGUO DESIGN）
本文DTP	有限会社ゼスト
カバー・本文イラスト	イワサキヨウコ
マンガ	藤本けいこ
編集協力	株式会社スリーシーズン
編集担当	原智宏（ナツメ出版企画株式会社）

本書に関するお問い合わせは、書名・発行日・該当ページを明記の上、下記のいずれかの方法にてお送りください。電話でのお問い合わせはお受けしておりません。
・ナツメ社webサイトの問い合わせフォーム
　https://www.natsume.co.jp/contact
・FAX（03-3291-1305）
・郵送（下記、ナツメ出版企画株式会社宛て）
なお、回答までに日にちをいただく場合があります。正誤のお問い合わせ以外の書籍内容に関する解説・個別の相談は行っておりません。あらかじめご了承ください。

CD付き らくらく話せる！
タイ語レッスン

ナツメ社Webサイト
https://www.natsume.co.jp
書籍の最新情報（正誤情報を含む）はナツメ社Webサイトをご覧ください。

2016年4月1日　初版発行
2024年11月20日　第14刷発行

著　者	小野健一	
発行者	田村正隆	©Ono Kenichi, 2016

発行所　株式会社ナツメ社
　　　　東京都千代田区神田神保町1-52 ナツメ社ビル1F（〒101-0051）
　　　　電話　03(3291)1257（代表）　FAX　03(3291)5761
　　　　振替　00130-1-58661

制　作　ナツメ出版企画株式会社
　　　　東京都千代田区神田神保町1-52 ナツメ社ビル3F（〒101-0051）
　　　　電話　03(3295)3921（代表）

印刷所　TOPPANクロレ株式会社

ISBN978-4-8163-6007-7　　　　　　　　　　　　　　　　Printed in Japan

〈定価はカバーに表示してあります〉〈落丁・乱丁はお取り替えいたします〉

本書の一部または全部を著作権法で定められている範囲を超え、ナツメ出版企画株式会社に無断で複写、複製、転載、データファイル化することを禁じます。